BIG BOOM BANG

KREATIVBUCH

101 spektakuläre Bastelideen für kleine Forscher

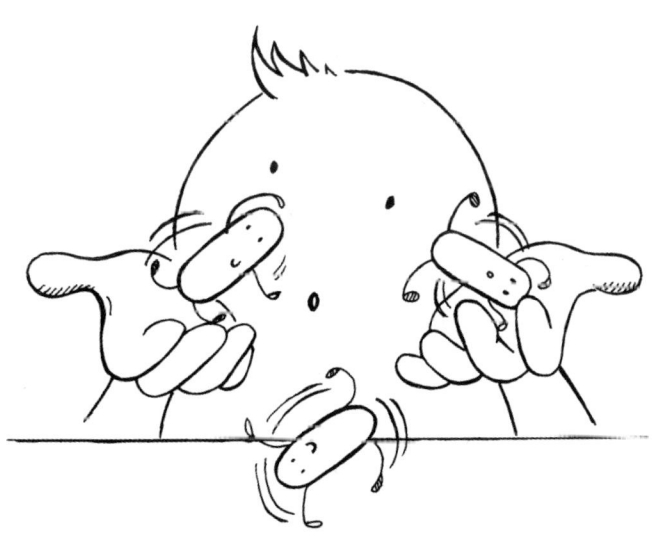

Dawn Isaac

BIG BOOM BANG

KREATIVBUCH

101 spektakuläre Bastelideen für kleine Forscher

Fotos von Kate Whitaker

COPPENRATH

5 4 3 2 1   21 20 19 18 17
ISBN 978-3-649-62511-7

Deutsche Ausgabe:
© 2017 Coppenrath Verlag GmbH & Co. KG,
Hafenweg 30, 48155 Münster, Germany
CH: Baumgartner AG, Centralweg 16, 8910 Affoltern
Übersetzung: Antje Kuhlmeier
Lektorat: Regina Herr
Satz: Sabine Conrad
Printed in China
www.coppenrath.de
www.100-prozent-kreativ.de

Originalausgabe:
Die Originalausgabe wurde von Kyle Cathie Limited in
Großbritannien veröffentlicht.
Originaltitel: „101 Brilliant Things For Kids To Do With
Science"
Text: © 2017 Dawn Isaac
Fotos: © 2017 Kate Whitaker
Illustrationen: © 2017 Sarah Leuzzi
Design: © 2017 Kyle Books Limited

Für meine Lieblingsmenschen
Reuben, Ava, Oscar und Archie

Seifenblasen-
schlange pusten

Regenbogen
essen

Rakete
starten

Keks-Seilbahn
bauen

Fruchtsalat
schnibbeln

Tischtennisball
schweben lassen

Rasen bepunkten

Flaschen-
streich bauen

Nacktes Riesen-Ei
herstellen

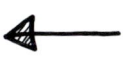

Zauberwurzel
züchten

Inhalt

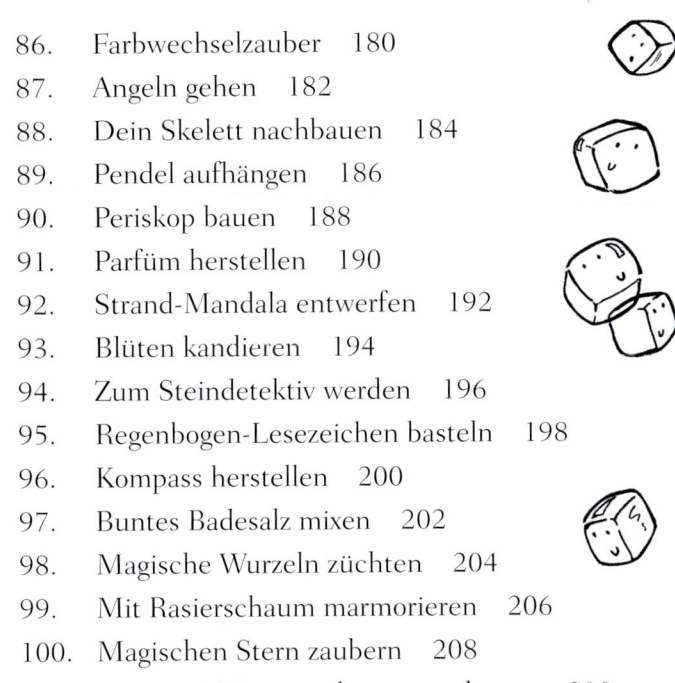

Über dieses Buch

Die Wissenschaft ist eine großartige Sache. Wichtige Entdeckungen werden gemacht, neue Produkte erfunden und Leben gerettet, aber was fast noch wichtiger ist – Kinder können sich alles leisten, ohne Ärger zu kriegen.

Ja, das stimmt wirklich. Selbst bei Chaos, Sauerei und der einen oder anderen Explosion – wenn es „im Namen der Wissenschaft" geschieht, werden Eltern nie wirklich sauer. Okay, wenn du die Küche in die Luft jagst, könnten sie ein winziges bisschen genervt reagieren, aber grundsätzlich gilt: Wissenschaft = die perfekte Ausrede.

Ich muss dich allerdings warnen, denn so ganz nebenbei könntest du ein paar Dinge lernen. Aber keine Angst, das tut nicht weh. Und denk immer dran: Je öfter du Wörter wie **Oberflächenspannung***, **Reibung*** und **kinetische Energie*** fallen lässt, desto weniger werden deine Eltern motzen, wenn sie die Zimmerdecke abwischen, den Boden putzen oder sich fragen müssen, wo der Inhalt der Küchenschränke abgeblieben ist.

Also setze die Schutzbrille auf, zieh den weißen Kittel an und lass uns loslegen! Wir müssen Wasserballons abschießen, Luftkissenboote bauen, Eis machen, Hubschrauber fliegen lassen, Regenbogen essen und jede Menge Chaos anrichten. Aber das macht nichts – es ist schließlich Wissenschaft!

* Die beeindruckend klingenden wissenschaftlichen Fachbegriffe sind jeweils **fett** gedruckt. Wenn du ein Wort nicht verstehst, sieh in dem Glossar auf Seite 212 nach, merk dir die Definition und versetze alle Welt mit deinem Wissen in Erstaunen.

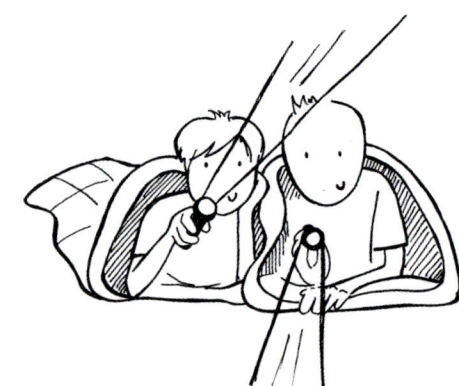

Flaschenstreich bauen

Luftdruck ist für viele Dinge nützlich – zum Aufblasen von Autoreifen, für Staubsauger oder die Toilettenspülung. Aber am besten lässt sich der Luftdruck nutzen, um deine Freunde nass zu machen und sich dann über sie schlappzulachen.

Zuerst brauchst du eine große Flasche mit Wasser. Der Trick funktioniert mit gefüllten Flaschen, du kannst aber auch zuerst die Flasche präparieren und sie dann mit Wasser füllen.

Egal, ob deine Flasche leer oder voll ist – lege sie seitlich auf ein Handtuch, nimm die Reißzwecke und stich damit mehrere Löcher in den unteren Teil der Flasche. Wenn du eine volle Flasche hast, wird jetzt etwas Wasser durch die Löcher auslaufen, dies hört aber auf, wenn du die Flasche wieder senkrecht hinstellst.

Hast du die Löcher in eine leere Flasche gestochen, stelle sie nun in die Spüle und fülle sie bis oben hin mit Wasser. Das Wasser wird aus den Löchern spritzen, aber wenn du den Deckel aufschraubst, hört das Spritzen auf.

Fasse die Flasche vorsichtig am Deckel an (Achtung, nicht drücken!) und stelle sie für dein ahnungsloses Opfer auf den Tisch. Und falls du so lange warten musst, dass du Durst bekommst, denk dran: Nicht aus dieser Flasche trinken!

Für noch mehr Chaos:

Stich weitere Löcher an verschiedenen Stellen und in unterschiedlichen Größen. Welchen Unterschied macht das? Und was passiert, wenn man Sprudelwasser verwendet?

Für Besserwisser:

Luftdruck ist eine **Kraft**, die in alle Richtungen wirkt. Wenn die Flasche zugeschraubt ist, drückt die Luft an den Seiten der Flasche genauso stark nach innen, wie das Wasser nach außen drückt. Das Wasser bleibt also in der Flasche. Öffnest du aber den Deckel, drückt die Luft auch von oben auf das Wasser, und es spritzt aus den seitlichen Löchern heraus – eine sehr lustige und sehr feuchte Sache!

DU BRAUCHST: PLASTIKFLASCHE MIT DECKEL, HANDTUCH, WASSER, REISSZWECKE

Auto mit Ballonantrieb

Du meinst, es würde Spaß machen, damit zur Schule zu fahren? Quatsch, in diesem Auto kannst du nicht fahren. Obwohl, wenn wir genügend Ballons nehmen …

Doch zuerst wollen wir ein Miniauto mit Ballonantrieb bauen.

Dazu brauchst du eine Basis. Ein Stück Pappe funktioniert gut, weil sie schön fest ist, allerdings sollte sie nicht zu schwer sein – je leichter, desto einfacher ist das Auto zu bewegen. Klebe zwei Strohhalme mit Klebeband so unter die Pappe, dass sie an den Seiten hervorstehen. Dann die Holzspieße durch die Strohhalme fädeln. Das sind die Achsen deines Autos.

Nun basteln wir die Räder. Nimm die Tasse oder den Becher als Schablone, um vier Kreise auf Wellpappe und einen auf Papier zu zeichnen. Die Kreise sorgfältig ausschneiden – je runder die Kreise, desto besser wird das Auto fahren. Damit es möglichst wenig **Reibung** gibt, kannst du die rauen Ränder der Kreise mit Klebeband umkleben. So bekommen die Räder eine glattere **Oberfläche**.

Den Papierkreis faltest du einmal in der Mitte und dann noch einmal in Viertel. Falte ihn wieder auf, dann siehst du den Mittelpunkt. Lege ihn über jeden der Pappkreise und stich mit einem scharfen Bleistift oder einem Kugelschreiber ein Loch hinein. Dann die Kreise auf die Holzspieße am Ende der Achsen stecken.

Als Nächstes bauen wir den Motor. Dazu den Luftballon mehrmals aufblasen, damit er dehnbarer wird. Das Ende eines Strohhalms in den Hals des Luftballons stecken und mit Isolierband gut festkleben. Dann den Ballon probeweise aufblasen und wenn nötig noch mehr Klebeband hinzufügen. Die Klebestelle muss luftdicht verschlossen sein.

Zuletzt klebst du den Strohhalm an deinem Auto fest. Der Ballon sollte an einem Ende der Pappe sitzen und der Strohhalm über das andere Ende hinausragen. Nun kannst du das Auto auf eine glatte Oberfläche stellen, den Ballon durch den Strohhalm aufpusten und dann loslassen. Wenn die Luft durch den Strohhalm strömt, fährt das Auto los.

Für noch mehr Chaos:

Probiere es mit einem dickeren Strohhalm oder einem größeren Ballon – was verändert sich? Oder entwirf dein eigenes Auto – vielleicht mit einer Plastikflasche als Basis und Flaschendeckeln oder Garnspulen als Räder. Am besten notierst du dir, welche Art von Auto am schnellsten und am weitesten fährt.

 ## Für Besserwisser:

Herzlichen Glückwunsch! Du hast gerade ein Beispiel für das dritte **Newtonsche Gesetz** gezeigt. Das ist eine Regel, die besagt, dass es für jede **Kraft** eine gleich große Gegenkraft gibt, die in die entgegengesetzte Richtung wirkt. In diesem Fall heißt das, dass die Luft, die aus den Strohhalm strömt, die Antriebskraft verursacht, die das Auto bewegt. Die **potenzielle Energie** (Lageenergie) in dem gespannten Ballon wird in **kinetische Energie** (Bewegungsenergie) des Autos umgewandelt.

DU BRAUCHST: PAPPE, KLEBEBAND, 3 STROHHALME, 2 HOLZSPIESSE, BLEISTIFT, BECHER ODER TASSE, WELLPAPPE, PAPIER, SCHERE, SPITZEN BLEISTIFT ODER KUGELSCHREIBER, LUFTBALLON, ISOLIERBAND

Die Schwerkraft-betriebene Siphon-flaschenfontäne

Warum solltest du so etwas bauen? Ich sage dir warum. Falls deine Eltern fragen, was du heute vorhast, kannst du antworten: „Heute mache ich eine **Schwerkraft**-betriebene Siphonflaschenfontäne!" Allein der Gesichtsausdruck deiner Eltern ist die ganze Mühe wert.

Für das Projekt mit dem eindrucksvollen Namen brauchst du eine kleine Wasserflasche. Schraube den Deckel ab, drücke etwas Knetkleber auf die Innenseite und bohre dann mit einem spitzen Gegenstand (z. B. einer Schere) zwei Löcher in den Deckel. Das ist ganz schön schwierig – wahrscheinlich wirst du deine Eltern, die mit offenen Mund neben dir stehen, um Hilfe bitten müssen.

Wenn die Löcher groß genug sind, entfernst du den Knetkleber und steckst zwei Strohhalme durch die Löcher. Einer sollte unten etwa 10 cm aus dem Deckel herausragen, der andere etwa 4 cm. Die Lücken zwischen den Strohhalmen und dem Deckel musst du sorgfältig mit Knetkleber verschließen.

Nun etwas Wasser in die Flasche füllen, bevor du den Deckel wieder aufschraubst. Wenn du die Flasche auf den Kopf stellst, sollte der untere Strohhalm bedeckt sein (siehe Zeichnung).

Fülle ein Glas mit gefärbtem Wasser und stelle es auf eine Erhöhung (z.B. einen Stapel Bücher). Ein leeres Glas von derselben Größe stellst du auf die Fläche darunter. Halte das Ende des Strohhalms, der mit seinem langen Ende aus der Flasche herausschaut, mit dem Daumen zu und drehe die Flasche um, sodass das kürzere Strohhalmende in der gefärbten **Flüssigkeit** steckt und das lange über dem leeren Glas schwebt.

Nimm den Daumen weg. Beobachte, was passiert!

Du siehst Wasser in das leere Glas laufen und dann das gefärbte Wasser in die Flasche (unsere Schwerkraftpumpe) spritzen wie bei einem Springbrunnen. Vielleicht siehst du auch den fassungslosen Gesichtsausdruck deiner Eltern, die deine Genialität bestaunen.

Für noch mehr Chaos:

Verbinde zwei Strohhalme mit Klebeband, um einen längeren Siphon zu erhalten. Stelle dann das obere Glas etwas höher. Was passiert? Ihr könnt auch mehrere Flaschen mit unterschiedlich langen Strohhalmen gleichzeitig starten und sehen, welches der oberen Gläser zuerst leer ist.

Für Besserwisser:

Die **Schwerkraft** lässt das Wasser aus dem Siphon in das untere Glas fließen. Dadurch verringert sich der **Luftdruck** in der Flasche und das Wasser aus dem oberen Glas wird in die Flasche gezogen. Je höher das obere Glas, desto größer die Schwerkraft und desto gewaltiger wird die Wasserfontäne in die Flasche spritzen.

DU BRAUCHST: LEERE PLASTIKFLASCHE MIT DECKEL, KNETKLEBER, SPITZE SCHERE, STROHHALME, 2 GLÄSER ODER BECHER, WASSER, LEBENSMITTELFARBE, ETWAS ZUR ERHÖHUNG, Z. B. EINEN STAPEL BÜCHER

So baust du die Fontäne

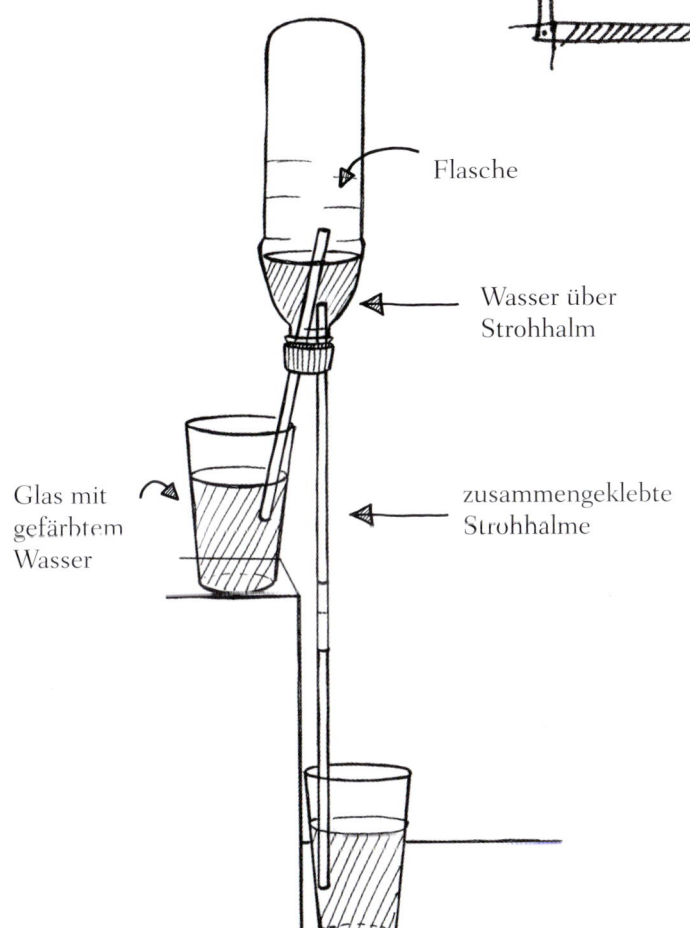

Flasche

Wasser über Strohhalm

Glas mit gefärbtem Wasser

zusammengeklebte Strohhalme

Tipp: Suche dir Fenster oder Glas-
türen mit viel Sonne, damit deine
Bilder richtig schön leuchten.

DU BRAUCHST: SCHWARZE WACHSKREIDE,
PAPIER, FARBE, PINSEL, SPEISEÖL, KÜCHEN-
PAPIER, KLEBEBAND

Buntglasfenster malen

Die armen Fenster! Sie haben jahraus, jahrein dieselbe Aussicht und jeder sieht einfach durch sie hindurch. Dabei gibt es nichts Schlimmeres, als ignoriert zu werden – das ist echt unhöflich!

Vielleicht solltest du mal dafür sorgen, dass die Fenster mehr Beachtung finden. Dazu verleihst du ihnen am besten ein schickes Buntglasfenster-Aussehen.

Male dein Muster oder Bild mit schwarzer Wachskreide auf ein Blatt Papier. Die schwarzen Linien wirken wie die Bleiruten, die bei echten Buntglasfenstern die Glasstücke verbinden. Besonders dramatisch sieht es aus, wenn du die Wachsstiftlinien mehrmals schwarz nachzeichnest.

Nun malst du das Bild farbig aus. Wenn du die drei Grundfarben Rot, Blau und Gelb hast, kannst du alle anderen Farben damit mischen (siehe „Regenbogen essen" auf Seite 120).

Male die Flächen in verschiedenen Schattierungen an, bis das ganze Bild bunt ist. Versuche dabei, die schwarzen Linien nicht zu übermalen – denk dran, die Fenster haben eine sorgfältige Arbeit verdient.

Wenn die Farbe trocken ist, drehe das Blatt um und bepinsele die weiße Rückseite mit Öl. Dabei passiert etwas Erstaunliches – auf dem weißen Papier scheint plötzlich dein Bild durch. Wenn du fertig bist, lass das Bild trocknen und lege es dann zwischen zwei Blätter Küchenpapier, um das restliche Öl zu entfernen.

Zum Schluss klebst du das Bild mit Klebeband ans Fenster und beobachtest, wie die Sonne durch dein Meisterwerk scheint. Sieht es nicht aus wie ein richtiges Buntglasfenster? Und jetzt versuche noch mal, dieses Fenster zu ignorieren!

Für noch mehr Chaos:

Male mehrere Bilder auf diese Art, bis du eine Buntglas-Galerie geschaffen hast. Wahrscheinlich stehen bald so viele Besucher vor dem Fenster, dass es sich wieder nach ruhigeren Zeiten sehnt.

 Für Besserwisser:

Papier**fasern** sind eigentlich **transparent** (durchsichtig), sie **brechen** aber das **Licht** (ändern seine Richtung), sodass es sich nicht geradlinig hindurchbewegen kann. Deshalb erscheint das Papier opak (undurchsichtig). Es **absorbiert** das Licht. Wenn du das Papier mit Öl bemalst, füllt das Öl die Lücken zwischen den Fasern und lässt etwas von dem Licht durch das Papier hindurchscheinen. So erscheint es halb durchsichtig (**transluzent**).

Seifen- blasen- schlange pusten

DU BRAUCHST: LEERE PLASTIK-
FLASCHE (500 ML), SCHERE, ALTE
SOCKE, GUMMIBÄNDER, FLACHE SCHÜS-
SEL, ESSLÖFFEL, WASSER, SPÜLMITTEL,
LEBENSMITTELFARBE

Viele Dinge lassen sich wissenschaftlich erklären. Aber warum es so viele einzelne Socken auf der Welt gibt, weiß kein Mensch. Ernsthaft – wo sind die zweiten abgeblieben?

Immerhin kann ich dir verraten, was du aus einzelnen Socken machen kannst – nämlich Seifenblasen-schlangen-Puster!

Schneide den Boden einer leeren und sauberen 500-ml-Plastikflasche ab. Dazu schraubst du den Deckel ab, drückst die Flasche platt und schneidest unten einen Schlitz hinein. Dann bringst du die Flasche wieder in Form und schneidest einmal rund-herum den Boden ab.

Nun ziehst du eine alte Socke über das abgeschnit-tene Ende. Die Socke sollte gut anliegen und zusätz-lich mit einem Gummi befestigt werden.

Mische drei Esslöffel Wasser und einen Esslöffel Spülmittel in einer flachen Schüssel. Färbe die Sei-fenlösung mit einem Spritzer Lebensmittelfarbe.

Jetzt nimm alles mit nach draußen. Die Flasche mit der Socke in die Seifenmischung tauchen, heraus-

ziehen und durch die Öffnung pusten. Eine farbige Schlange windet sich aus der Flasche! Da die Blasen nicht so schnell platzen, kannst du die Schlange immer länger machen, bis die Seifenlauge aufge-braucht ist.

Für noch mehr Chaos:

Versuche doch mal, eine Regenbogenschlange zu machen, indem du die Socke erst in die Seifen-lauge tauchst und dann verschiedene Farben darauf tropfst, bevor du pustest.

Für Besserwisser:

Wenn du durch die Flasche pustest, wird die Sei-fen**lösung** durch die vielen winzigen Löcher in der Socke gedrückt. So entstehen kleine Bläschen. Diese versuchen, ihre **Oberfläche** zu verringern, indem sie sich zusammenschließen, um gemeinsame Außenwände zu haben. Dadurch entsteht eine lange Seifenblasenschlange.

**Macht einen Wettbewerb: Wer pustet
die längste Schlange?**

Nahrungs-kette basteln

Erwachsene sagen manchmal komische Dinge. Sie reden von „Fressen und gefressen werden", aber wenn du fragst, was sie damit meinen, können sie es nicht richtig erklären. Dann musst du ihnen eben zeigen, was eine **Nahrungskette** ist!

Am anschaulichsten ist es, wenn du eine einfache Nahrungskette bastelst – so kapieren es selbst trottelige Erwachsene.

Überlege dir zuerst, welche Nahrungskette du darstellen möchtest. Vielleicht fängst du mit der Sonne an, denn sie ist unsere **Energie**quelle. Es folgen Pflanzen, denn diese nehmen das Sonnenlicht auf und produzieren daraus Nahrung. Deshalb nennt man sie auch Produzenten – das ist so simpel, dass es selbst einem Erwachsenen einleuchten sollte.

Die Pflanzen werden von Tieren gefressen (oder konsumiert). Diese Tiere nennt man **Primärkonsumenten**. Schade für die Primärkonsumenten ist, dass sie von **Sekundärkonsumenten** gefressen werden können. Und auch diese sollten sich nicht zu früh freuen, denn oft gibt es noch jemanden, der höher in der Nahrungskette steht – die nervigen **Tertiärkonsumenten**.

Wenn du dir überlegt hast, was in deiner Nahrungskette vorkommen soll, schneide aus farbigem Tonpapier Rechtecke aus, die immer größer werden, je höher das Objekt in der Nahrungskette steht (siehe Zeichnung).

Nun bemalst oder beklebst du die einzelnen Rechtecke mit Stiften oder buntem Papier. Denk daran, die Tiere, Pflanzen und die Sonne auf das mittlere Drittel des Rechtecks zu malen, damit man sie später, wenn das Papier zu einer Rolle geklebt wurde, von vorne gut sehen kann.

Wenn du die Rechtecke bemalt hast, markiere 1,5 cm von einem kurzen Ende entfernt eine Linie. Lege das Papier zu einer Rolle zusammen, sodass es sich an dieser Linie überlappt, und befestige es mit Klebeband oder Tacker.

Zum Schluss stellst du deine Rollen in der richtigen Reihenfolge auf. Dann kannst du den Erwachsenen in einfachen Worten das Prinzip der Nahrungskette erläutern, während du die Rollen wie bei einer russischen Matroschka ineinandersteckst. Vielleicht musst du es ein paarmal wiederholen, bis sie es wirklich kapieren – manchmal stehen Erwachsene einfach auf dem Schlauch.

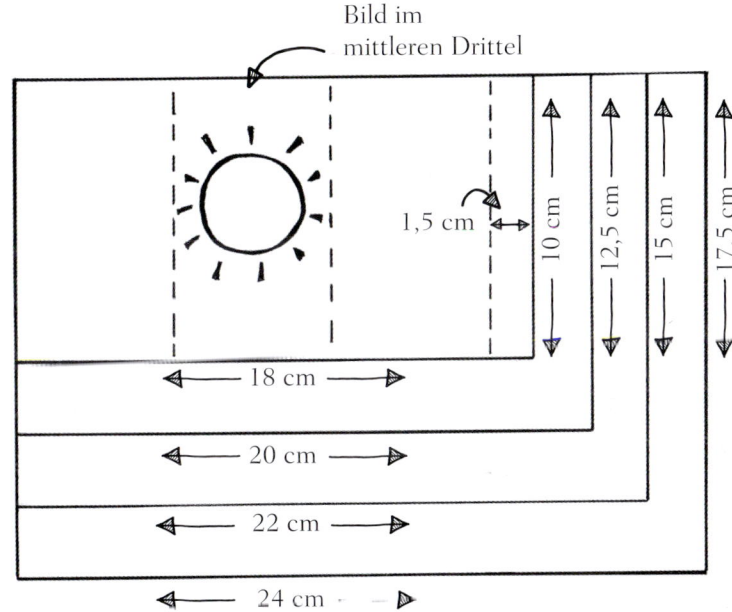

Für noch mehr Chaos:

Bastele noch andere Nahrungsketten. Welche ist die längste, die dir einfällt?

 ## Für Besserwisser:

Alle Lebewesen brauchen Nahrung zum Überleben. Eine **Nahrungskette** zeigt, wie Pflanzen, Tiere und Menschen in Bezug auf die Nahrung voneinander abhängen. Jede Kette beginnt mit Pflanzen (sogenannten Produzenten), die die **Energie** von der Sonne aufnehmen. Diese werden von **Herbivoren** (Pflanzenfressern) gefressen und geben damit die Energie weiter. Die Herbivoren werden von **Karnivoren** (Fleischfressern) gefressen, wodurch die Energie wieder weitergegeben wird. Tiere, die von anderen Tieren gefressen werden, nennt man Beute. Die Tiere, die sie fressen, werden Raubtiere genannt. Und Erwachsene, die das nicht verstehen, nennt man „begriffsstutzig".

So bastelst du die Rollen

Bild im mittleren Drittel

1,5 cm

10 cm

12,5 cm

15 cm

17,5 cm

18 cm

20 cm

22 cm

24 cm

Rakete starten

Dies ist ein gutes Beispiel für eine **Säure-Base-Reaktion**, eine tolle Art, die Wirkung von Wärme zu demonstrieren, und eine super Methode, um Kohlensäure zu erzeugen. Aber vergiss das alles und lies die Überschrift – wir starten eine Rakete! Wie cool ist das?

Schraube zuerst den Deckel von der Flasche und befestige vier gleich große Bleistifte mit Klebeband an der Flasche (siehe Zeichnung). Achte darauf, sie gleichmäßig anzukleben, sodass die Rakete auf dem Boden stehen kann, ohne zu kippeln.

Den Essig und das warme Wasser in die Flasche füllen. Dann ein Stück Küchenpapier halb durch-schneiden und das Natron in die Mitte geben. Die Enden einklappen und das Küchenpapier zu einer dünnen Wurst rollen. Den Korken mit etwas Küchenpapier umwickeln, bis er gut in die Flaschen-öffnung passt. Alles mit nach draußen nehmen.

Nun musst du dir einen geeigneten Ort suchen, weit von allem und jedem entfernt. Auch nach oben muss Platz sein. Hast du eine gute Stelle gefunden, setze deine Schutzbrille auf und schnapp dir einen Erwachsenen, der die Explosion überwacht. Stecke vorsichtig die Küchenpapierwurst in die Flasche, dann stecke schnell den Korken in die Öffnung, drehe die Flasche um, sodass sie auf den Bleistiften steht, und LAUF!

In Sekundenschnelle werden der Essig und das Natron miteinander reagieren und ein **Gas** bilden. Dieses entweicht mit so einer Gewalt aus der Fla-sche, dass deine Rakete in die Höhe schießt.

Für noch mehr Chaos:

Nimm mal mehr, mal weniger Essig oder Natron und notiere die Unterschiede, die du beim Rake-tenstart beobachtest. Versuche es auch mit kaltem Wasser – was passiert?

 ## Für Besserwisser:

Natron ist ein sogenanntes Karbonat (oder **Base**) und reagiert mit **Säuren** wie z. B. Essig. Ein Produkt dieser Reaktion ist **Kohlendioxid**. Wenn dieses **Gas** sich in der Flasche entwickelt, erhöht sich der **Luft-druck**, der schließlich den Korken aus der Flasche drückt und die Rakete in die Luft schleudert.

**Tipp: Achte darauf, dass der Luftraum
über der Rakete frei ist!**

So machst du die Rakete

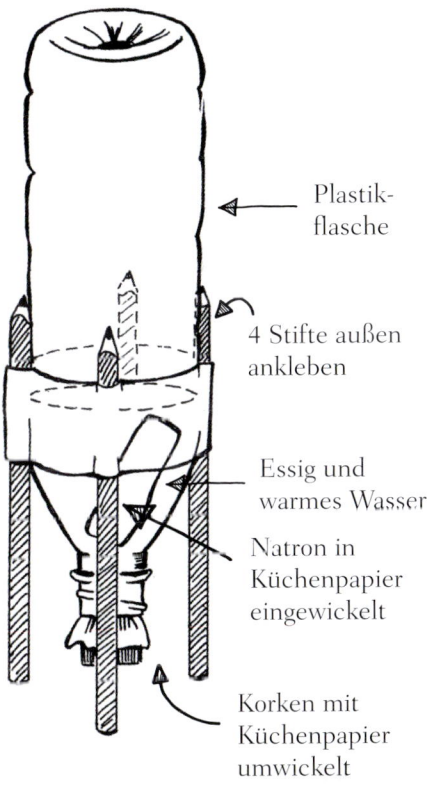

Plastik-
flasche

4 Stifte außen
ankleben

Essig und
warmes Wasser

Natron in
Küchenpapier
eingewickelt

Korken mit
Küchenpapier
umwickelt

Eiscreme selber machen

Doch, doch – Eis machen ist eine Wissenschaft für sich. Eis essen zwar nicht unbedingt, aber wenn man Eis macht, muss man es auch essen. Also: Augen zu und durch!

Zuerst musst du die Sahne schlagen. Mit einem Schneebesen brauchst du (oder ein ahnungsloser Erwachsener, der zufällig vorbeigekommen ist und nun für dich arbeiten muss) etwa fünf Minuten. Schneller geht es mit dem Handrührgerät.

Wenn die Sahne schön fest ist, siebe den Puderzucker hinein und füge die Himbeeren und das Vanillearoma hinzu. Alles gut durchrühren. Dabei werden die Himbeeren zerkleinert und alles wird hübsch rosa.

Wenn deine Mischung gut aussieht, fülle sie in einen flachen Plastikbehälter oder, noch besser, in drei oder vier kleinere Behälter. Verschließe die Behälter, stelle sie ins Gefrierfach und stelle dir einen Wecker auf 45 Minuten. Wenn die Zeit um ist, hole die Behälter heraus und rühre mit einem Löffel oder einer Gabel alles gründlich durch. Stelle die Behälter wieder zurück ins Gefrierfach und rühre nach 45 Minuten noch mal um. Und so weiter – nach etwa 2 Stunden sollte dein Eis so fest sein, dass man es essen kann.

Für noch mehr Chaos:

Du darfst **experimentieren**: Es gibt so viele Geschmacksrichtungen und Zutaten, die du in die Sahne-Zucker-Basis mischen kannst! Wie wäre es mit Blaubeeren, Erdbeeren, Bananen, Schokotropfen, Pfefferminz oder allem auf einmal? Nur zu – du kannst es doch sicher kaum erwarten!

Für Besserwisser:

Durch das Rühren gelangt Luft in die Sahne, wo sie von den Fett-**Molekülen** gebunden wird. So wird die Sahne schaumig. Wenn die Mischung gefriert, bildet das Wasser darin Eiskristalle. Je kleiner die Kristalle, desto cremiger das Eis. Deshalb darfst du die Kristalle nicht zu groß werden lassen und musst sie in regelmäßigen Abständen durch Rühren zerbrechen.

Selbst gemachtes Eis
hält sich im Gefrierfach
einige Wochen, am besten
schmeckt es aber ganz frisch.
Was für ein Glück!

Bumerang bauen

Es wäre sehr unpraktisch, wenn alles, was wir werfen, zurückkommen würde – ich denke zum Beispiel an Speere, Dartpfeile und Müll. Bei Bumerangs ist das etwas anderes, die sollen zurückkommen … und tun das auch, wenn man etwas übt.

Traditionell werden Bumerangs aus Holz geschnitzt, aber da braucht man scharfe Messer und viel Geduld. Deshalb basteln wir lieber einen aus Pappe.

Zuerst misst du drei Stücke Pappe mit 3,5 cm mal 15 cm aus. Schneide die Stücke aus. Eine alte Cornflakes-Packung ist gut geeignet oder auch eine Postkarte, aus der du gerade die drei Stücke schneiden kannst. Dann machst du unten in jedes Pappstück einen Schlitz von 2 cm Länge. Stecke die drei Teile wie auf der Zeichnung gezeigt ineinander.

Suche dir einen Winkelmesser oder ein Geodreieck (ja, ich weiß, die braucht man für Mathe, aber deshalb musst du doch nicht so besorgt gucken) und richte die Winkel zwischen den drei Teilen so aus, dass sie jeweils genau 120 Grad betragen. So ist der Abstand zwischen den Flügeln gleich. Halte die Teile beim Messen fest zwischen Daumen und Zeigefinger. Wenn der Winkel stimmt, tackere sie mehrfach in der Mitte fest.

Nun üben wir das Werfen. Halte einen der Flügel zwischen Daumen und Zeigefinger, sodass der Bumerang senkrecht steht und von dir weg zeigt.

Schleudere ihn dann mit einer schnellen Drehung des Handgelenks nach vorne und oben. Er sollte rotieren und eine kurvige Flugbahn beschreiben, damit er am Schluss wieder bei dir landet.

Wenn du ein großes Zimmer hast, kannst du erst einmal drinnen üben, wo kein Wind den Bumerang ablenkt. Wenn du dann ein Wurf-Experte geworden bist, lass deinen Bumerang draußen von der Leine!

Für noch mehr Chaos

Versuche doch mal, den Bumerang in eine andere Richtung oder in einem größeren Kreis fliegen zu lassen. Was passiert, wenn du ihn wie ein Frisbee® wirfst? Du kannst auch mit verschiedenen Flügelformen und Materialien **experimentieren**.

 Für Besserwisser

Wenn der Bumerang durch die Luft wirbelt, dreht sich der obere Flügel schneller als der untere, weil er sich in Flugrichtung bewegt. Deshalb hat er mehr **Auftrieb** als der untere Flügel. Die unterschiedlich starken Auftriebs**kräfte** sorgen dafür, dass der Bumerang eine Kurve fliegt und schließlich zu seinem Ausgangspunkt zurückkehrt.

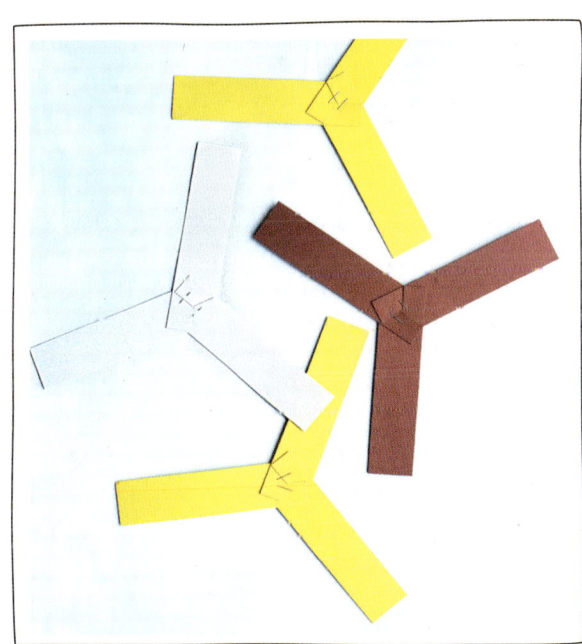

So machst du den Bumerang

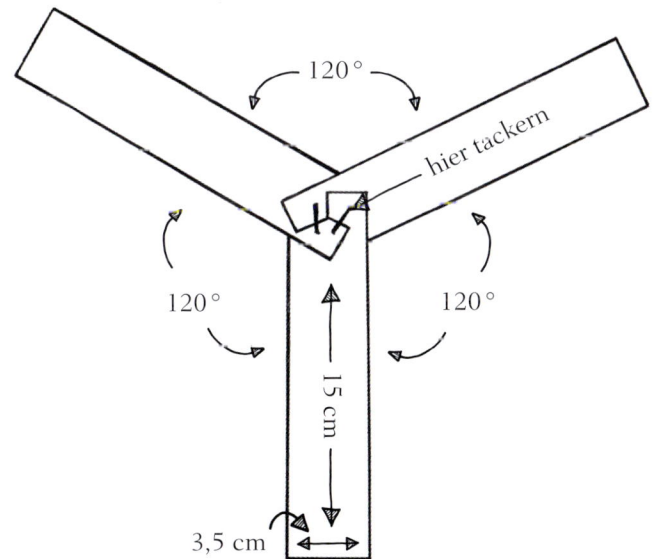

120°

hier tackern

120°   120°

15 cm

3,5 cm

Mit einer Luftkanone schießen

DU BRAUCHST: PLASTIKFLASCHE MIT DECKEL, SCHERE, PLASTIKTÜTE, KLEBEBAND, ISOLIERBAND, PAPPBECHER ODER PLASTIKBECHER, EVTL. KLEINE BOMMEL

Hast du manchmal Lust, etwas vom Kopf deines Bruders herunterzuschießen? Solche Gedanken kann man schon mal haben. Diese Luftkanone ist für solche Zwecke sicherer als Pfeil und Bogen – und du wirst weniger Ärger kriegen.

Schraube den Deckel der Plastikflasche ab, drücke sie flach und schneide nah am Boden einen Schlitz hinein. Bring die Flasche wieder in Form und schneide mit einer Schere den Boden ab.

Klebe nun die Plastiktüte mit etwa acht Stücken Klebeband am Flaschenende fest. Umwickele die Klebestelle zwei- bis dreimal mit Isolierband, sodass alles luftdicht verschlossen ist (siehe Zeichnung).

Blase die Plastiktüte durch die Flasche auf und nimm die aufgeblasene Tüte unter den Arm, ohne sie zusammenzudrücken. Stelle einen Pappbecher auf den Kopf deines Bruders. Drücke die Tüte mit dem Arm schnell zusammen: Ein heftiger Luftstoß schießt heraus und bläst den Becher herunter.

Willst du lieber richtige Geschosse durch die Luft sausen lassen? Lege ein paar kleine Bommel in die Flaschenöffnung und schieß sie ab. Wenn du einen Bommel nimmst, der groß genug ist, um in der Öffnung festzuklemmen, wird er noch weiter fliegen.

Für noch mehr Chaos

Wandele die Luftkanone ab, indem du verschieden große Flaschen und Plastiktüten verwendest. Was funktioniert am besten? Du kannst auch versuchen, mit der Kanone so weit wie möglich zu schießen oder eine Kerze auszublasen (hier sollte allerdings ein Erwachsener dabei sein).

 Für Besserwisser

Die Luft in der Tüte und der Flasche wird beim Zusammendrücken der Tüte hinausgedrückt. Wenn du dabei auf den Plastikbecher zielst, wird der **Luftdruck** ihn umpusten. Wenn du die Flaschenöffnung mit einem Bommel verschließt, verstärkt sich der Luftdruck, bis der Bommel schließlich herausgeschleudert wird.

Die Bommel sollten
in der Flasche liegen und
nicht in die Tüte fallen.

So bastelst du die Luftkanone

Isolierband

Bommel

aufgeblasene
Plastiktüte

Plastikflasche mit
abgeschnittenem
Boden

Mit Reis tricksen

Alle, die Schwierigkeiten haben, mit Stäbchen zu essen, werden von diesem Trick sehr beeindruckt sein. Du kannst nicht nur eine kleine Menge Essen, sondern gleich eine ganze Flasche voll Reis mit Stäbchen hochheben. Und zwar mit einem einzelnen Stäbchen! Wahnsinn.

Für den Trick bereitest du zuerst die Flaschen vor, indem du beide bis oben mit Langkornreis füllst. Am einfachsten geht das, wenn du den Reis in einen Messbecher gibst und dann vorsichtig in die Flasche kippst. Lege ein sauberes Blatt Papier darunter, dann kannst du den Reis, der danebengeht, auffangen und zurückschütten.

Nun nimmst du eine der Flaschen und klopfst damit auf den Tisch, damit der Reis in der Flasche etwas absackt und du noch mehr hineinfüllen kannst. Wiederhole das ein paarmal, bis wirklich kein Reis mehr hineinpasst.

Nun kannst du dem staunenden Publikum (oder der Katze, wenn sonst niemand da ist) den Trick vorführen. Erzähle, dass du zwei gleiche reisgefüllte Flaschen hast, dass du aber den Reis in der einen Flasche wochenlang trainiert hast, damit er körperlich und geistig stark wird. So stark, dass er nun die Kraft hat, ein einzelnes Essstäbchen festzuhalten. (Wundere dich nicht, wenn dich die Katze ungläubig ansieht – es ist bekannt, dass Katzen von Natur aus misstrauisch sind.)

Zum Beweis steckst du nun das Essstäbchen in den „untrainierten" Reis (die locker gefüllte Flasche), von wo es sich leicht wieder herausziehen lässt.

Nun ist die andere Flasche mit dem super trainierten Reis an der Reihe (wahrscheinlich musst du ziemlich fest drücken und drehen, um das Stäbchen hineinzubekommen). Und siehe da – die Reiskörner halten das Stäbchen so fest, dass du die Flasche voll Reis damit hochheben kannst.

Ich wette, die Katze würde applaudieren, wenn sie könnte.

Für noch mehr Chaos

Stecke verschiedene Dinge in die Flasche und schau, ob der Reis sie halten kann – zum Beispiel ein Buttermesser oder einen Bleistift. Du kannst auch mit Flaschen in verschiedenen Größen und Formen **experimentieren**. Mit welcher funktioniert es am besten – und warum glaubst du, ist das so?

 ## Für Besserwisser

Wegen der Lücken in der ersten Flasche können sich die Reiskörner leicht aneinander und an dem Essstäbchen vorbeibewegen. Wenn der Reis aber so dicht gepackt ist wie in der zweiten Flasche, haben die Körner keinen Platz zum Ausweichen und reiben sich am Stäbchen. Wenn die **Reibung** stärker wird als die **Schwerkraft**, die die reisgefüllte Flasche nach unten zieht, kannst du die Flasche am Stäbchen hochheben.

DU BRAUCHST: ZWEI GLEICH GROSSE SAUBERE PLASTIKFLASCHEN, LANGKORNREIS (ZUM BEISPIEL BASMATI), MESSBECHER, PAPIER, ESSSTÄBCHEN

Tipp: Probiere den Trick mit verschiedenen Dingen, zum Beispiel einem Bleistift, einem Buttermesser oder sogar einem Zauberstab.

Brause-pulver herstellen

Ja, du hast richtig gelesen. Du kannst **chemische Reaktionen** ausprobieren und jede Menge lernen, indem du … Süßigkeiten machst. Und einen Lutscher braucht man für dieses **Experiment** unbedingt. Heute ist euer Glückstag, Kinder!

Schade, dass Lernen nicht immer so funktioniert. Eure Noten würden sich schneller verbessern, als man gucken kann.

Miss zuerst das Natron in eine Schüssel ab und gib dann die Zitronensäure und den Zucker dazu. Wenn du willst, mische auch noch Lebensmittelfarbe und Aroma unter. Verrühre alles gut.

Nun am Lutscher lecken (dazu brauchst du keine Anleitung, oder?), ihn in die Brausepulver-Mischung stippen und noch einmal lecken.

Jetzt sollte es auf deiner Zunge kribbeln. Weißt du, was das ist? Jaja, es ist lecker, aber es ist außerdem … eine chemische Reaktion. Was sagst du – du musst es noch einmal ausprobieren? Und noch mal? Also wirklich – deine Begeisterung für Chemie ist bewundernswert.

Für noch mehr Chaos

Vielleicht kannst du das Rezept noch verbessern, indem du herausfindest, wie es am meisten kribbelt. Oder du probierst verschiedene Geschmacksrichtungen aus. Mische aber immer nur wenig von den einzelnen Zutaten auf einmal dazu und schreibe alle Veränderungen auf. So findest du heraus, wie es am besten funktioniert.

 Für Besserwisser

Das Natron (ein **Alkali**) reagiert mit der Zitronensäure (eine **Säure**), sobald Wasser dazukommt (hier hilft freundlicherweise die Spucke in deinem Mund). Bei der Reaktion entsteht ein **Gas** (**Kohlendioxid**), das das Kribbeln auf der Zunge verursacht.

DU BRAUCHST: SCHÜSSEL, 2 TEELÖFFEL NATRON, 1 TEELÖFFEL ZITRONENSÄURE (LEBENSMITTELQUALITÄT!), 4 TEELÖFFEL PUDERZUCKER ODER STREUZUCKER, LEBENSMITTELFARBE UND AROMA, LUTSCHER (UNVERZICHTBAR – FALLS ELTERN DAS LESEN)

Tipp: Am besten probiert ihr
den Trick im Badeanzug aus –
falls etwas schiefgeht.

Jemandem Wasser über den Kopf gießen

Bitte sag mir, dass du weiter gelesen hast als bis zur Überschrift – sonst wirst du dich sicher bald von diesem Buch trennen müssen. Hier geht es nicht einfach darum, jemandem Wasser über den Kopf zu gießen – warum hätte ich sonst die restlichen Worte geschrieben?

Mit diesem **Experiment** kannst du gut zeigen, wie der **Luftdruck** funktioniert, und gleichzeitig kannst du deine Freunde beeindrucken. Doch zuerst brauchst du einen Assistenten. Nimm am besten jemanden, der dir nicht für einen Monat das Fernsehen streichen kann, falls etwas schiefgehen sollte und er pitschnass wird.

Fülle ein Glas oder einen stabilen Plastikbecher bis zum Rand mit Wasser. Lege die Karte darauf und drücke sie in der Mitte etwas an, damit die Karte das Wasser berührt. Die Karte festhalten und das Glas umdrehen, sodass es über dem Kopf deines Assistenten schwebt. Nun nimmst du die Hand unter der Karte weg. Wenn alles nach Plan läuft, wird die Karte an Ort und Stelle kleben und das Wasser im Glas bleiben. Wenn nicht … renn schnell weg!

Für noch mehr Chaos

Probiere das **Experiment** mit größeren Behältern – aber unbedingt draußen, wo es nichts ausmacht, wenn eine Menge Wasser ausläuft.

Für Besserwisser

Der **Luftdruck** ist eine **Kraft**. Weil die Luft **gas-förmig** ist, wirkt diese Kraft nicht nur nach unten, sondern in alle Richtungen – auch nach oben. Die Pappe bleibt an Ort und Stelle, weil der Luftdruck von unten stärker wirkt als der Druck des Wassers von oben.

> **DU BRAUCHST:** GLAS ODER STABILEN PLASTIKBECHER, WASSER, POSTKARTE ODER STÜCK PAPPE, ASSISTENTEN (IST HILFREICH, WENN DU SELBST TROCKEN BLEIBEN WILLST)

Aquarium bauen

Wenn du gerne Fische halten möchtest, aber ein bisschen … na ja … faul bist, ist dies das richtige Aquarium für dich. Kein Füttern, keine Pflege der Pflanzen, kein Wasserwechsel. Selbst wenn einer deiner Fische an der Oberfläche schwimmt, ist das kein Grund zur Panik.

Damit die Fische im Wasser **schwimmen**, bastelst du sie aus Moosgummi. Male mit einem Stift die Umrisse auf das Moosgummi und schneide sie aus. Die Augen machst du mit einem Locher. Auch Wasserpflanzen kannst du aus Moosgummi schneiden – achte aber darauf, dass sie nicht zu groß für dein Aquarium werden.

Fülle unten in die Schüssel eine Lage Sand oder Kies und lege ein paar kunstvoll arrangierte Muscheln dazu. Nun fädelst du einen Faden durch die Augen eines Fisches und wickelst die Fadenenden um einen kleinen Stein. Diesen ins Aquarium setzen. Genauso befestigst du die Wasserpflanzen. Achte darauf, dass der ganze Faden um den Stein gewickelt ist, damit die Algen nicht nach oben schwimmen.

Jetzt kannst du vorsichtig Wasser in dein Aquarium füllen, bis es fast voll ist. Wenn sich der Sand gesetzt hat, siehst du, wie die Fische fröhlich herumschwimmen. Sind sie zu tief, wickelst du einfach etwas von dem Faden vom Stein ab. Und wenn einer auf der Oberfläche schwimmt, vergießen wir ein paar Tränen, halten eine kleine Abschiedsrede für den lieben Nemo und machen uns auf den schicksalhaften Weg ins Bad …

Nein! Keine Angst. Du wickelst einfach etwas von dem Faden um den Stein, sodass er kürzer wird und der Fisch tiefer im Wasser schwimmt. Alles in Ordnung, du kannst aufhören zu weinen.

Für noch mehr Chaos

Bastele die schwimmenden Fische auch aus anderen Materialien. Findest du heraus, wie du einen horizontal schwebenden Teufelsrochen machen kannst?

 ## Für Besserwisser

Nun hast du nicht nur ein schönes Aquarium gebaut, sondern kannst auch **Experimente** zur **Dichte** machen, indem du herausfindest, welche Objekte **schwimmen** und welche sinken. Steine sinken auf den Grund des Aquariums, weil sie schwer für ihre Größe sind – sie haben eine hohe Dichte. Auch Sand sinkt, da er eine höhere Dichte hat als Wasser. Weil er aber sehr fein ist, erzeugt er eine **Suspension** (die das Wasser trüb erscheinen lässt), bevor er absinkt. Moosgummi ist voller Luftbläschen und damit sehr leicht. Es schwimmt auf der **Oberfläche** (wenn es nicht mit Fäden unten gehalten wird).

DU BRAUCHST: STIFT, MOOSGUMMI, SCHERE, LOCHER, DURCHSICHTIGE SCHÜSSEL, SAND ODER KIES, MUSCHELN, BAUM- WOLLFADEN, KLEINE STEINCHEN, WASSER

Tipp: Du kannst die Wasser-pflanzen auch sichern, indem du sie unter den Steinen festklemmst.

Zentrifugal-sprinkler drehen

Weißt du, was an heißen Tagen perfekt ist?

Ja klar, Eiscreme ist perfekt. Und was noch?

Okay, du hast recht, Eis am Stiel ist auch perfekt. Aber weißt du, was sonst noch perfekt ist?

Ein Zentrifugalsprinkler! (Nein, du kannst ihn nicht essen. Na schön – einigen wir uns auf „fast perfekt".)

Wenn du einen Sprinkler basteln willst, nimm einen großen geraden Strohhalm und knicke ihn in der Mitte, um den Mittelpunkt zu finden. Stich mit dem Spieß vorsichtig an dieser Stelle ein Loch in den Strohhalm und schiebe den Spieß ein paar Zentimeter hindurch. Nun miss an jeder Seite 3 cm von der Mitte aus ab und schneide den Strohhalm dort von oben halb durch. Knicke beide Seiten um, sodass ein Dreieck entsteht. Die Strohhalmenden wie auf der Zeichnung mit Klebeband festkleben, wobei die Öffnungen frei bleiben.

Nun stellst du den Spieß mit dem spitzen Ende des Dreiecks nach unten in eine Schüssel mit Wasser und zwirbelst ihn zwischen den Händen. Das Wasser spritzt in alle Richtungen.

Ach ja, ich habe vergessen zu erwähnen, dass du vorher nach draußen gehen solltest. Tut mir leid.

Für noch mehr Chaos

Baue weitere Sprinkler mit verschiedenen Strohhalmgrößen. Wie weit spritzt das Wasser jeweils? Und wie viele Leute kannst du mit einmal Drehen nass machen?

 Für Besserwisser

Wenn ein Objekt sich schnell dreht, scheint alles, was sich darauf oder darin befindet, von einer **Kraft** nach außen gedrückt zu werden. Man spricht von der Fliehkraft. Das Wasser im Strohhalm wird also nach außen gedrückt – das heißt in diesem Fall, es wandert im Strohhalm nach oben. Wenn du den Spieß schnell drehst, spritzt das Wasser aus dem Strohhalm heraus.

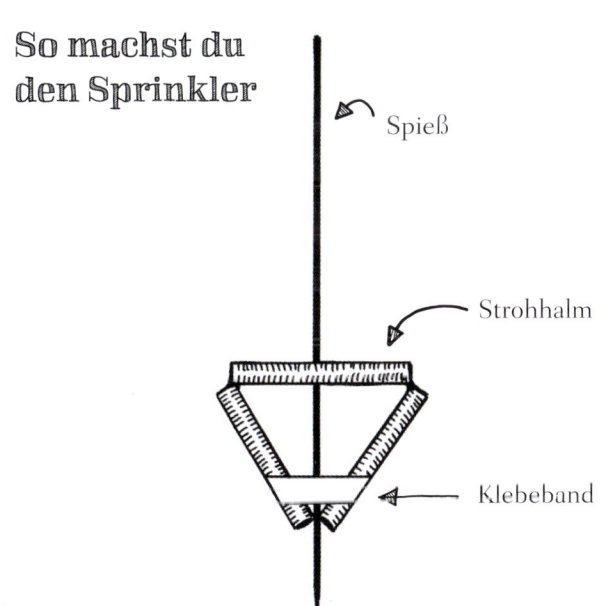

So machst du den Sprinkler

Spieß

Strohhalm

Klebeband

Zauberstäbe basteln

DU BRAUCHST: ZWEIGE, JE 40–50 CM DÜNNEN ODER MITTELDICKEN GARTENDRAHT, AUSSTECHFORMEN ODER ÄHNLICHES ALS SCHABLONE, SPÜLMITTEL, WASSER, SCHÜSSEL

Nein, damit kannst du deinen Bruder nicht in einen Frosch verwandeln. Auch nicht in einen Molch. Ja, es sind Zauberstäbe, aber ich habe nie behauptet, dass du damit wirklich zaubern kannst. Immerhin können sie eine beliebige Form in eine Kugel verwandeln. Auch nicht schlecht, oder?

Nimm deinen Ast und wickele ein paar Zentimeter Draht um ein Ende. Dann wickelst du das andere Drahtende darüber. Nun sollten beide Drahtenden fest um den Ast gewickelt sein, der Rest des Drahtes bildet eine große Schlinge.

Nun brauchst du eine Form, um die du den Draht legen kannst. Mit Plätzchenausstechern funktioniert es gut, aber auch andere Dinge geben brauchbare Schablonen ab. (Nein, nicht dein Bruder – lass den armen Kerl los!)

Lege deine Form in die Mitte des Drahtes und drücke den Draht rundherum fest. Achte darauf, dass der überschüssige Draht an beiden Seiten gleich lang ist. Dreh den Ast, sodass der lose Draht bis zu der Form aufgewickelt wird. Dann kannst du deine Form entfernen.

Als Nächstes mischst du deine Seifenblasenlösung (ein Teil Spülmittel auf drei Teile Wasser), dann tauchst du den Zauberstab hinein und pustest.

Erstaunlicherweise spielt es keine Rolle, welche Form dein Zauberstab hat – selbst wenn es ein Frosch oder ein Molch ist. Die Blasen werden sich nicht darum kümmern und einfach rund sein. So sind Seifenblasen eben.*

*Außer sie sind rechteckig – wie du auf Seite 78 sehen kannst.

Für noch mehr Chaos

Male den Ast mit Acrylfarbe an oder umwickele ihn mit bunter Wolle, damit dein Zauberstab noch zauberhafter aussieht.

Für Besserwisser

Egal, welche Form du wählst – die Seifenblasen werden immer rund sein. Das liegt daran, dass die elastische Haut der Seifenblasen in die Form mit der kleinsten **Oberfläche** strebt, und das ist eine Kugel.

Tipp: Wenn du stabilere Blasen haben willst, füge ein paar Tropfen Glycerin zu der Mischung hinzu.

Mini-Wüstengarten anlegen

Die armen Pflanzen! Wenn es irgendwo sehr heiß, sehr kalt oder sonst wie ungemütlich ist, können sie nicht einfach ihre Sachen packen und umziehen. Sie müssen mit den Bedingungen leben und sich anpassen (**Adaption**).

Zum Glück sind Pflanzen sehr gut im Adaptieren. Ein Beispiel dafür sind Wüstenbewohner. Wenn du diese cleveren Pflanzen mal in Aktion sehen willst, mache dir doch eine eigene Mini-Wüste.

Zuerst füllst du einen Behälter mit „Wüstensand". Dieser muss gut durchlässig für Wasser sein – mische zwei Drittel Blumenerde mit einem Drittel Sand oder feinem Kies. Drücke die Mischung im Behälter ordentlich an.

Nun kommen die Pflanzen hinein. Du kannst Kakteen oder Sukkulenten nehmen oder auch beides.

Beim Pflanzen von Kakteen musst du allerdings vorsichtig sein. Ihre Anpassung an die Wüste besteht nämlich unter anderem darin, spitze Stacheln statt Blättern zu haben. Daran kannst du dich wiederum anpassen, indem du sie mit Zeitungsstreifen oder Topflappen anfasst. Oder zieh Topfhandschuhe an – das sieht zwar dämlich aus, schützt aber vor dem Gepikse.

Andere Sukkulenten sind da freundlicher. Sie haben meist eine wachsartige **Oberfläche**, damit das Wasser nicht so schnell **verdunstet**.

Egal, welche Pflanzen du ausgesucht hast: Grabe ein Loch, setze die Pflanze hinein und drücke die Erde um die **Wurzeln** gut an. Wenn du fertig bist, gieße deine Wüste und lass das überschüssige Wasser ablaufen.

Damit die Wüste richtig echt aussieht, kannst du eine dünne Lage Sand über die Erde streuen und Plastik-Skorpione, Schlangen, kleine Wüstendörfer oder anderes daraufstellen – lass deiner Fantasie freien Lauf.

Wässere deinen Garten, indem du ihn alle 2–3 Wochen für eine Stunde in einen Behälter mit Wasser stellst. Das machst du vom Frühling bis zum Herbst – im Winter musst du gar nicht gießen. Achte darauf, dass deine Wüste an einem warmen, sonnigen Platz steht. Und schließlich – ganz wichtig –, so sehr du deinen Wüstengarten auch liebst, versuche nie, mit einem Kaktus zu kuscheln!

Für noch mehr Chaos

Pflanze Wüstenpflanzen in verschiedene Behälter. Wenn du Löcher in den Boden bohrst, deine Erde-Sand-Mischung hineinfüllst und die Pflanze an einen sonnigen Platz stellst, funktioniert fast jedes Gefäß. Alte Schuhe, Spielzeuglaster, Dosen – alles, was du so findest.

DU BRAUCHST: BEHÄLTER MIT LÖCHERN IM BODEN, BLUMENERDE, GROBEN SAND ODER FEINEN KIES, KAKTEEN ODER ANDERE SUKKULENTEN, WASSER, EVTL. ZEITUNG ODER TOPFLAPPEN

 **Für Besserwisser**

Pflanzen wie Kakteen und andere Sukkulenten haben sich über Millionen von Jahren an schwierige Lebensbedingungen angepasst. **Adaptionen** wie die Fähigkeit, Wasser im Stamm zu speichern, oder die wachsartige **Oberfläche** als Schutzschicht, die das **Verdunsten** verzögert, lassen diese Pflanzen bei Hitze und Trockenheit überleben – Bedingungen, die du in deiner Mini-Wüste nachgemacht hast.

Tipp: Mit kleinen Spielsachen kannst du deine Wüste interessant gestalten.

Fontäne fürs Bad

Du wünschst dir beim Baden etwas mehr Glanz und Pracht? Das hast du auch verdient. Ein paar Wasserfontänen sind da genau das Richtige für dich.

Für jede Fontäne brauchst du eine leere, saubere 2-Liter-Flasche mit Deckel. Lass den Deckel darauf, während du im unteren Drittel der Flasche ein Loch bohrst. Das geht am einfachsten, wenn du zuerst mit einer Sicherheitsnadel hineinpikst und das Loch dann mit einem Kugelschreiber erweiterst, bis ein Strohhalm hindurchpasst.

Nun den Strohhalm hineinstecken, sodass er nach oben zeigt, und die Lücken zwischen Flasche und Strohhalm mit Knetkleber abdichten. Wenn sich dein Strohhalm abknicken lässt, lass den Knick ebenfalls nach oben zeigen.

Den Deckel abschrauben und mithilfe von Kanne und Trichter Wasser in die Flasche füllen. Mache das am besten gleich im Bad, falls etwas danebengeht. Du kannst die Flasche bis zur Höhe des Strohhalmendes füllen, ohne dass das Wasser hinausläuft. Es bleibt in der Flasche und im Strohhalm in gleicher Höhe.

Jetzt den Luftballon aufpusten und mit der Tütenklammer luftdicht verschließen. Dann das Ende des Luftballons über die Flaschenöffnung ziehen.

Wenn du deine Flaschen aufgestellt hast, lass das Badewasser ein, spring in die Wanne und nimm dann schnell alle Klammern weg. Das Wasser wird bogenförmig aus den Springbrunnen spritzen – sieht das nicht prächtig und königlich aus?

Wenn es nicht mehr spritzt, kannst du die Flaschen wieder füllen, die Ballons aufblasen und das Ganze noch einmal starten – und noch mal und noch mal, bis das Badewasser kalt wird.

Für noch mehr Chaos

Für eine Regenbogen-Fontäne färbe das Wasser mit Lebensmittelfarbe. Du kannst die Strohhalme auch in unterschiedlicher Höhe anbringen und sehen, ob sich etwas ändert.

 Für Besserwisser

Luftballons bestehen aus einem elastischen Material, das sich dehnt, wenn man den Ballon aufbläst, aber wieder zu seiner ursprünglichen Form zurückkehrt, wenn der Ballon nicht verschlossen ist. Die Luft aus dem Ballon strömt in die Flasche, die ja schon mit Luft gefüllt ist. Die zusätzliche Luft erhöht den **Luftdruck** und dieser druckt das Wasser in der Flasche nach unten, sodass es aus dem Strohhalm spritzt.

Obstsalat schnippeln

DU BRAUCHST: 200 ML WASSER, MESS-BECHER, 50 G ZUCKER, 1 UNGESPRITZTE ZITRONE, REIBE, MESSER (UND ERWACHSENEN, DER AUFPASST), SCHÜSSEL, 2 MANDARINEN, 2 ESSLÖFFEL BLAUBEEREN, 3 ESSLÖFFEL HIMBEEREN, 1 APFEL, 1 BANANE, KLARSICHTFOLIE

Ganz ruhig. Ich weiß, im Titel kommen die Wörter „Obst" und „Salat" vor. Aber trotz dieser unheimlichen Wörter ist es ein sehr leckerer Nachtisch. Doch, doch – es gibt Nachtisch, der kein Eis und keine Schokolade enthält. Ganz ehrlich, das ist nicht geflunkert.

Zuerst machst du einen Sirup (das klingt doch gleich viel weniger gesund, oder?). Fülle das Wasser in den Messbecher und gib den Zucker dazu (siehst du – noch besser!), dann rühre, bis sich der Zucker vollständig aufgelöst hat. Das bedeutet, dass sich am Boden kein Zucker mehr absetzt, wenn du aufhörst zu rühren.

Reibe etwas Zitronenschale in die Mischung, dann schneide die Zitrone halb durch (eventuell muss dabei ein Erwachsener helfen) und presse sie aus. Dazu nimmst du am besten eine Zitronenpresse, du kannst die Zitrone aber auch über einem Schälchen auspressen und die Kerne herausfischen. Den Zitronensaft zum Sirup geben.

Mandarinen schälen und in Schnitze teilen. Mit den Blaubeeren und Himbeeren in die Schüssel geben.

Etwas schwieriger ist es, einen Apfel zu schneiden. Dabei muss eventuell ein Erwachsener helfen, der den Apfel halbiert, sodass du ihn flach auf ein Schneidebrett legen kannst. Den Apfel in schmale Schnitze und diese in kleinere Stücke schneiden.

Dann die Apfelstücke in die Schüssel geben. Die Banane schälen, schneiden und zu den anderen Früchten geben.

Alles vorsichtig verrühren, den Sirup darübergießen, die Schüssel mit Klarsichtfolie abdecken und für ein paar Stunden in den Kühlschrank stellen. Dann kannst du die Klarsichtfolie entfernen und den Obstsalat servieren. Jaja – Eis passt sehr gut dazu.

Für noch mehr Chaos

Lass ein paar Stückchen von unterschiedlichen Früchten eine Weile liegen und beobachte, welche braun werden und welche nicht. Was meinst du, warum werden manche Früchte schneller braun? Was passiert, wenn du die Fruchtstückchen in den Kühlschrank legst? Mache den Sirup einmal mit warmem und einmal mit kaltem Wasser – wie löst sich der Zucker schneller auf? Nimm dir mehr Eis – wie lange dauert es, bis ein Erwachsener merkt, was du da machst?

 Für Besserwisser

Warum wird Obst überhaupt braun? Der Sauerstoff in der Luft reagiert mit dem Inhalt der angeschnittenen **Zellen** im Obst und die Farbänderung ist eine Folge dieser Reaktion. Dieser Prozess heißt **Oxidation** (dieselbe Reaktion, die Metall rosten lässt). Doch die **Enzyme**, die für die Reaktion verantwortlich sind, können in saurer Umgebung nicht arbeiten. Die **Säure** der Zitrone hemmt also die Oxidation, sodass dein Obstsalat frisch und lecker aussieht.

Blätter-Folien-Kunst

Die Natur ist die beste Künstlerin, sagen viele. Ich sage: Wenn die Natur wirklich so eine tolle Künstlerin ist, können wir doch etwas von ihrer Kunst klauen und behaupten, wir hätten es selbst gemacht. Schlau, oder?

Zuerst musst du ein paar tolle Herbstblätter finden. Genau, wir machen unser Kunstwerk mit Sachen, die die Natur sowieso nicht mehr braucht – echte Recycling-Kunst.

Klebe eins oder mehrere Blätter mit Leim auf ein Stück Pappe oder einen Pappteller. Verstreiche noch mehr Leim um das Blatt herum auf der Pappe und klebe ein Stück Alufolie darauf. Es ist egal, ob die glänzende oder die matte Seite nach oben zeigt – mache es so, wie es dir am besten gefällt. Es macht auch nichts, wenn die Folie zu groß ist … du kannst die Seiten abschneiden oder einfach umklappen.

Nun streichst du die Folie mit den Fingern glatt. Beobachte, wie die Umrisse des Blattes sichtbar werden. Besonders die Blattadern sind gut zu sehen.

Du kannst das Kunstwerk so lassen, oder, wenn es zweifarbig sein soll, noch einige Schichten schwarze Farbe auf die Folie pinseln. Wenn die Farbe richtig trocken ist, falte ein Stückchen Folie zu einem kleinen Quadrat von etwa 2–3 cm zusammen und lege es um deinen Zeigefinger. Damit streichst du vorsichtig über das Blatt, bis die Kanten und die Blattadern sichtbar sind.

Wenn die schwarze Farbe abgerieben wird, erscheint das Skelett des Blattes. Soll dein Bild noch einen silbernen Rahmen haben, reibst du auch an den Kanten der Pappe etwas Farbe ab. Und wo du schon dabei bist, suche dir doch ein Essstäbchen oder Ähnliches und signiere dein Bild, indem du in die Farbe ritzt. Du könntest zum Beispiel schreiben: „Kunstwerk von Max, 9 Jahre alt, und der Natur, die viel viel älter ist".

Für noch mehr Chaos

Experimentiere mit verschiedenen Blättern und unterschiedlichen Farben und finde heraus, wie es am besten aussieht. Siehst du die Unterschiede bei den Blattadern? Mit dieser Technik kannst du übrigens auch Postkarten oder Geschenkanhänger gestalten.

Für Besserwisser

Du kannst nicht nur ein tolles Kunstwerk herstellen, sondern dir auch ansehen, wie Blätter aufgebaut sind. Die Adern durchziehen das ganze Blatt. Sie bilden ein Transportsystem, das aus Röhren aufgebaut ist. Pflanzen wie z. B. Bäume nutzen diese Röhren, um Wasser und Mineralien zu den Blättern zu transportieren. Ebenso gelangt der durch **Fotosynthese** entstandene Zucker aus den Blättern zu den anderen Teilen der Pflanze, wo er gebraucht wird.

Tipp: Male deine Blatt-Kunstwerke in verschiedenen Farben an.

DU BRAUCHST:
HERBSTBLÄTTER,
STÜCK PAPPE
ODER PAPP-
TELLER, LEIM,
ALUFOLIE, PINSEL,
SCHWARZE FARBE

Rasen bepunkten

So ein Rasen besitzt nicht gerade eine schicke Garderobe. Er hat nur die Wahl zwischen Grün, Grün und nochmals Grün. Also mache doch mal ein paar gelbe Punkte, dann kannst du dem Rasen ein ganz neues Aussehen verleihen! Bevor du loslegst, solltest du allerdings deine Eltern fragen.

Zuerst stellst du die Punktschablonen her, indem du Kreise auf die Pappe zeichnest. Dafür brauchst du nur einen Faden, den du in der Nähe der Spitze um einen Bleistift knotest. Stich ihn in ein Stück Pappe und befestige das andere Ende des Fadens an einem zweiten Bleistift. Der Faden zwischen den Bleistiften muss halb so lang sein wie der **Durchmesser** des Kreises, den du haben willst. Den ersten Bleistift festhalten und mit dem zweiten einen Kreis um den ersten zeichnen, wobei der Faden immer gespannt bleibt. Auf diese Art machst du mehrere Kreise – gleich groß oder in unterschiedlichen Größen, aber alle mindestens 20 cm im Durchmesser.

Schneide die Kreise aus und lege sie auf den Rasen. Wenn sie so liegen, wie du sie haben willst, beschwere sie mit Steinen, damit die Pappe nicht wegfliegt.

Nun musst du etwa eine Woche warten. (Ja, ich weiß, so ein Rasen braucht echt lange zum Umziehen. Ein Glück, dass er sich nicht jeden Morgen für die Schule fertig machen muss!)

Nach einer Woche hebst du eine Pappe an und schaust nach, ob der Rasen darunter die Farbe gewechselt hat. Wenn kaum etwas zu sehen ist, lege die Pappe wieder hin und warte noch ein paar Tage. Dann nimmst du alle Kreise ab – und siehe da, der grüne Rasen hat richtig hübsche gelbe Punkte. Diese werden im Laufe der nächsten Wochen allmählich wieder grün – schade eigentlich.

Für noch mehr Chaos

Bastele dir große Pappbuchstaben und schreibe deinen Namen auf das Gras. Schließlich trägt jeder gern Klamotten mit Designer-Label – auch der Rasen.

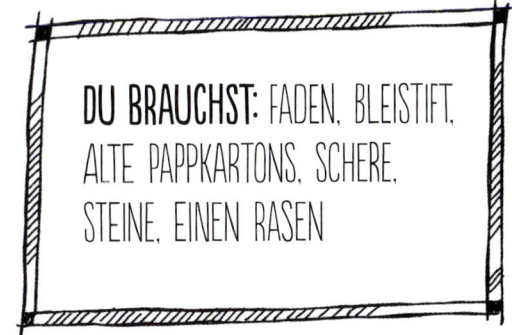 Für Besserwisser

Der Rasen ist grün, weil das Gras **Chlorophyll** enthält – ein grüner Farbstoff, den die Pflanzen nutzen, um die Sonnenenergie zu speichern, die sie dann in Nahrung umwandeln. Chlorophyll zersetzt sich sehr schnell und muss ständig neu produziert werden. Da der Rasen unter der Pappe keine Sonne abkriegt, muss er auch kein Chlorophyll produzieren. Er verliert die grüne Farbe und wird gelb.

Magischer Gefrierbeutel

Dieses **Experiment** ist so ähnlich wie der berühmte Trick mit der Dame, die in einer Kiste steckt, durch die der Zauberer dann mit Schwertern sticht*. Nur dass wir hier keine Dame haben. Und keine Kiste. Schwerter auch nicht – aber ansonsten ist es ganz ähnlich!

Fülle zunächst einen Gefrierbeutel bis oben hin mit Wasser und verschließe ihn. Dann hältst du den Beutel über den Kopf deines Assistenten und – mit so viel Tamtam und Trommelwirbel wie möglich – stichst du einen Stift durch den Beutel, bis die Spitze an der andere Seite wieder hinauskommt.

Deine Zuschauer werden nach Luft schnappen, wenn sie merken, dass das Wasser nicht über den Kopf des Assistenten läuft, sondern noch sicher im Gefrierbeutel ist. Na gut, vielleicht schnappen sie auch nicht nach Luft, aber ich wette, sie sind beeindruckt.

Du kannst das mit weiteren Stiften wiederholen, bis die Zuschauer überwältigt von deiner Genialität sind – oder bis es ihnen langweilig wird.

*Bitte versuche den Trick mit der Dame und den Schwertern nicht zu Hause. Das würde nicht gut ausgehen.

Für noch mehr Chaos

Experimentiere mit verschieden dicken Bleistiften, verschiedenen Beuteln und unterschiedlich viel Wasser. Mit welcher Kombination klappt der Trick am besten?

 Für Besserwisser

Dein Gefrierbeutel ist wahrscheinlich aus dem **Polymer** PE (Polyethylen) hergestellt. Dieses besteht aus sehr langen **Molekülen** – so ähnlich wie Spaghetti. Es ist leicht, den Bleistift zwischen den Molekülen hindurchzustechen, und diese sind flexibel genug, um die Lücke zwischen den Seiten des Stiftes und dem Beutel zeitweise zu verschließen. Wenn du jedoch den Stift entfernst, läuft das Wasser aus, da die Moleküle dauerhaft verschoben wurden.

Tipp: Wenn du keinen
verschließbaren Gefrierbeutel hast,
tut es auch ein normaler, den du
fest zuknotest.

DU BRAUCHST:
TENNISBALL, FUSSBALL ODER BASKETBALL

Tipp: Für das Experiment brauchst du viel Platz ohne was Zerbrechliches in der Nähe.

Tennis-ball mit Super-kräften

Hui!

Ist es nicht nervig, wenn andere größer und stärker sind und alles besser können als du? So fühlen sich sicher auch Tennisbälle, wenn sie sich mit größeren Bällen vergleichen, die viel weiter springen. Aber statt sich zu ärgern, können sie sich etwas von der **Energie** der anderen Bälle klauen. Ganz schön gerissen!

Wenn du diese schlauen Dinger in Aktion sehen willst, nimm dir zuerst einen Tennisball und lass ihn aus Schulterhöhe auf eine harte Fläche fallen, um zu sehen, wie weit er springt. Die Antwort ist wahrscheinlich „nicht sehr weit" – tut mir leid, Tennisball, die Wahrheit tut manchmal weh.

Nun hältst du den Tennisball auch auf Schulterhöhe, doch diesmal legst du ihn auf einen Fußball und lässt beide zusammen fallen.

Du kannst beobachten, dass der Tennisball viel höher springt als vorher. Er wird den Fußball weit hinter sich lassen und sehr zufrieden aussehen.

Für noch mehr Chaos

Probiere das **Experiment** mit verschiedenen Bällen in unterschiedlichen Größen. Welche Unterschiede kannst du beobachten?

 Für Besserwisser

Wenn der Tennisball auf den Boden auftrifft, verformt er sich leicht und federt dann zurück. Er prallt dadurch ab und springt wieder hoch. Der Fußball hat eine größere **Masse** als der Tennisball und springt höher. Wenn beide Bälle zusammen auf den Boden auftreffen, werden sie mit der **Kraft** ihrer vereinten Masse hochgeschleudert. Deshalb fliegt der Tennisball viel weiter.

Nacktes Riesenei herstellen

Hast du schon mal überlegt, wie Eier wohl ohne Schale aussehen? Jetzt hast du die Chance, es herauszufinden. Und keine Angst – den Eiern macht das nichts aus. Sie finden es nicht peinlich, sich auszuziehen.

Lege dein rohes Ei vorsichtig in ein Glas und gieße so viel Essig dazu, dass das Ei bedeckt ist. Nach einer Weile kannst du beobachten, wie überall auf der Schale Bläschen erscheinen. Wenn du jemanden beeindrucken willst, kannst du jetzt erklären, dass die Essigsäure mit dem Kalk in der Eierschale reagiert und dabei **Kohlendioxid** entsteht. Ansonsten kannst du auch einfach darauf zeigen und „Guck mal, Bläschen!" rufen.

Lass das Ei einen Tag lang stehen, dann spüle es ab und lege es in frischen Essig. Nach ein paar Tagen kannst du das Ei herausnehmen und vorsichtig die Schalenreste abreiben. Du hast nun ein nacktes Ei, das nur noch von einer **Membran** (einer dünnen Haut) umgeben ist, sodass das Eigelb im Inneren sichtbar ist.

Du siehst auch, dass das Ei etwas größer ist als vorher. Das liegt daran, dass die Schale **semipermeabel** ist, also *manche* Dinge hindurchlässt – in diesem Fall die Wasser**moleküle**. Der Essig hat einen Wassergehalt von etwa 95 %, das Ei nur etwa 90 %. Zusätzliches Wasser dringt durch die Membran ein, um den Wassergehalt auszugleichen.

Du kannst das Ei sogar noch weiter vergrößern, indem du es über Nacht in ein Glas mit klarem Wasser legst. Es wird noch mehr Wasser aufnehmen, um den Wassergehalt auszugleichen. Vielleicht willst du das Wasser auch mit Lebensmittelfarbe färben, bevor du das nackte Ei hineinlegst. Denn wenn etwas noch cooler ist als ein nacktes Riesenei, so ist es ein grünes nacktes Riesenei!

DU BRAUCHST:
EI, GLAS ODER
KANNE, ESSIG,
EVTL. WASSER,
EVTL. LEBENSMITTEL-
FARBE

Tipp: Mit verschiedenen Lebensmittelfarben kannst du Rieseneier in allen Schattierungen herstellen.

Für noch mehr Chaos

Das nackte Ei fühlt sich ein bisschen wie ein Flummi an – versuche doch mal, ob es auch hüpft. Nein! Nur aus ein paar Zentimetern Höhe. Was ist denn das für eine Sauerei? Versuche das **Experiment** auch einmal mit einem hart gekochten Ei – was ändert sich (außer der Tatsache, dass es nicht so eine Matsche gibt, wenn du es fallen lässt)?

Für Besserwisser

Du hast gerade eine Reaktion zwischen **Säure** (Essig) und **Alkali** (dem Kalk in der Eierschale) ausgelöst. Außerdem hast du **Osmose** beobachtet, wobei Wasser durch eine **semipermeable Membran** dringt, um die Konzentration auf beiden Seiten auszugleichen. Du hattest also einen ziemlich anstrengenden Tag – wenn ich du wäre, würde ich mich jetzt ausruhen.

Tipp: Die Ballons lassen sich leichter aufblasen, wenn du sie vorher dehnst.

DU BRAUCHST: ALTE CD ODER DVD, KNETKLEBER, FLASCHENDECKEL MIT VENTIL, GLATTE OBERFLÄCHE, LUFTBALLON, EVTL. ACRYL-FARBE ODER STICKER

Luftkissenboot bauen

Weißt du nicht, was ein Luftkissenboot ist? Das ist ein Boot, das auf einem Luftkissen gleitet. Okay. Gut, dass wir das geklärt haben.

Luftkissenboote sind normalerweise so gebaut, dass sie Passagiere tragen können. Das kann dieses nicht (falls du daran gedacht hast, an Bord zu springen). Aber es gleitet und sieht toll aus, also solltest du es trotzdem bauen.

Bevor du anfangen kannst, musst du dir eine alte CD oder DVD suchen, *die nicht mehr gebraucht wird*. Das ist ganz wichtig, denn obwohl Erwachsene es super finden, dass du wissenschaftliche **Experimente** machst – wenn du ihre Lieblings-DVD kaputt machst, wird die Begeisterung schlagartig nachlassen. Wenn du sicher bist, dass die CD nicht mehr gebraucht wird, kannst du sie ein bisschen mit Acrylfarbe verschönern, Sticker oder Glitzersteine aufkleben – Wissenschaft darf ruhig auch mal schick aussehen.

Nun nimmst du den Knetkleber, knetest ihn etwas durch, bis er schön weich ist, und rollst ihn zu einer langen Wurst. Diese legst du zu einem Kreis mit dem **Durchmesser** des Flaschendeckels und drückst ihn um das Loch in der CD herum fest.

Schraube den Deckel von der Flasche, schließe das Ventil und klebe ihn mithilfe des Knetklebers fest in die Mitte der CD. Zwischen Flaschendeckel und CD dürfen keine Lücken sein.

Lege die CD auf eine flache, glatte **Oberfläche** (zum Beispiel auf einen Tisch). Dann holst du tief Luft und pustest den Ballon auf. Wenn er aufgebla-

sen ist, drehst du den Hals ein paarmal ein, damit die Luft nicht so schnell entweicht, und ziehst das Ende über den Flaschendeckel.

Zum Schluss öffnest du das Ventil, gibst der CD einen Schubs und beobachtest, wie sie davonzischt. Was, sie bewegt sich nicht? Habe ich nicht gesagt „Keine Passagiere"? Nimm die Katze runter und versuch es noch mal. Siehst du – geht doch. Und die Katze sieht auch gleich viel glücklicher aus.

Für noch mehr Chaos

Geh auf die Suche nach größeren Ballons. Denn je mehr Luft darin ist, desto länger wird das Boot fahren. Du kannst auch ein Spiel mit einem Freund spielen, bei dem jeder an einer Seite des Tisches steht und versucht, das Boot über den Tisch zu schießen. Wenn es auf deiner Seite herunterfällt, bekommt dein Freund einen Punkt – und umgekehrt.

Für Besserwisser

Wenn zwei Objekte, die sich berühren, sich gegeneinanderbewegen, entsteht **Reibung**. Dies ist eine **Kraft**, die die Bewegung von Dingen verzögert, sie also langsamer macht. In unserem Fall würde Reibung entstehen, wenn du die CD ohne den Ballon über den Tisch schubsen würdest. Wenn aber die Luft aus dem Ballon deines Bootes entweicht, bildet sich ein Luftkissen zwischen CD und Tisch. Es gibt so gut wie keine Reibung und die CD kann sich viel schneller bewegen.

Hüpfbohne basteln

Stelle dir vor, du rennst mittags in der Schule zum Speiseraum und stellst dann plötzlich fest, dass es heute gekochten Kohl gibt. Du versuchst, aus voller Fahrt anzuhalten, aber es ist zu spät, und du stößt mit der Küchendame zusammen, die wahrscheinlich nicht gerade begeistert ist. Das nennt man „Schwung" (oder **Impuls**). Außerdem nennt man es „ziemlich peinlich", aber das vergessen wir jetzt schnell wieder.

Den Impuls gibt es auch bei anderen Dingen – zum Beispiel bei einer Hüpfbohne. Eigentlich ist diese Bohne gar keine Bohne und sie hüpft auch nicht wirklich, aber sie wird deine Freunde mehr beeindrucken als dein Zusammenstoß mit der Küchendame.

Zuerst schneidest du ein Stück Alufolie aus, das etwa viermal so breit und fünfmal so lang wie deine Murmel ist (ungefähr 7 cm mal 10 cm). Rolle es um deinen Finger oder einen dicken Stift, dann lege die Murmel hinein. Sie muss frei in der Röhre rollen können – mache die Röhre schmaler oder breiter, wenn es noch nicht passt.

Die Murmel in der Röhre lassen und vorsichtig die Ecken versiegeln, indem du die Folie zusammendrückst oder faltest. Pass auf, dass du dabei nicht die Röhre eindrückst, sonst kann die Murmel nicht mehr darin rollen.

Lege deine „Bohne" nun vorsichtig in einen Plastikbehälter mit Deckel und rolle sie etwa eine Minute lang darin herum. Auf diese Weise werden die Enden der Bohne glatter, weil sie immer gegen die Wand des Behälters stoßen.

Wenn du nun den Deckel abnimmst, siehst du die fertige „Bohne". Bewegst du den Behälter, wird die Bohne darin zucken, als wäre sie lebendig. Du kannst sie auch herausnehmen und sanft von einer Hand in die andere rollen lassen. Damit lässt sich vielleicht auch die verärgerte Küchendame ablenken.

Für noch mehr Chaos

Was passiert, wenn du eine größere oder eine kleinere Murmel nimmst? Oder eine andere, schwerere oder leichtere Kugel? Warum funktioniert das **Experiment** mit Alufolie und welche anderen Materialien könntest du nehmen? Wie lässt sich die Küchendame am besten ablenken?

 ## Für Besserwisser

Wenn du den Behälter bewegst, rollt die Murmel darin, bis sie das Ende des Folientunnels erreicht. Weil sie eine gewisse Geschwindigkeit hat, kann sie nicht plötzlich anhalten, und durch diesen **Impuls** zuckt die Bohne. Je höher die Geschwindigkeit und je größer die **Masse** der Murmel, desto größer ist der Impuls.

DU BRAUCHST: ALUFOLIE, EINE MURMEL, SCHERE, PLASTIKGEFÄSS MIT DECKEL (AM BESTEN DURCHSICHTIG), EVTL. EINEN DICKEN FILZSTIFT

Tipp: Für besonders glamouröse Hüpfbohnen benutze bunte Folien.

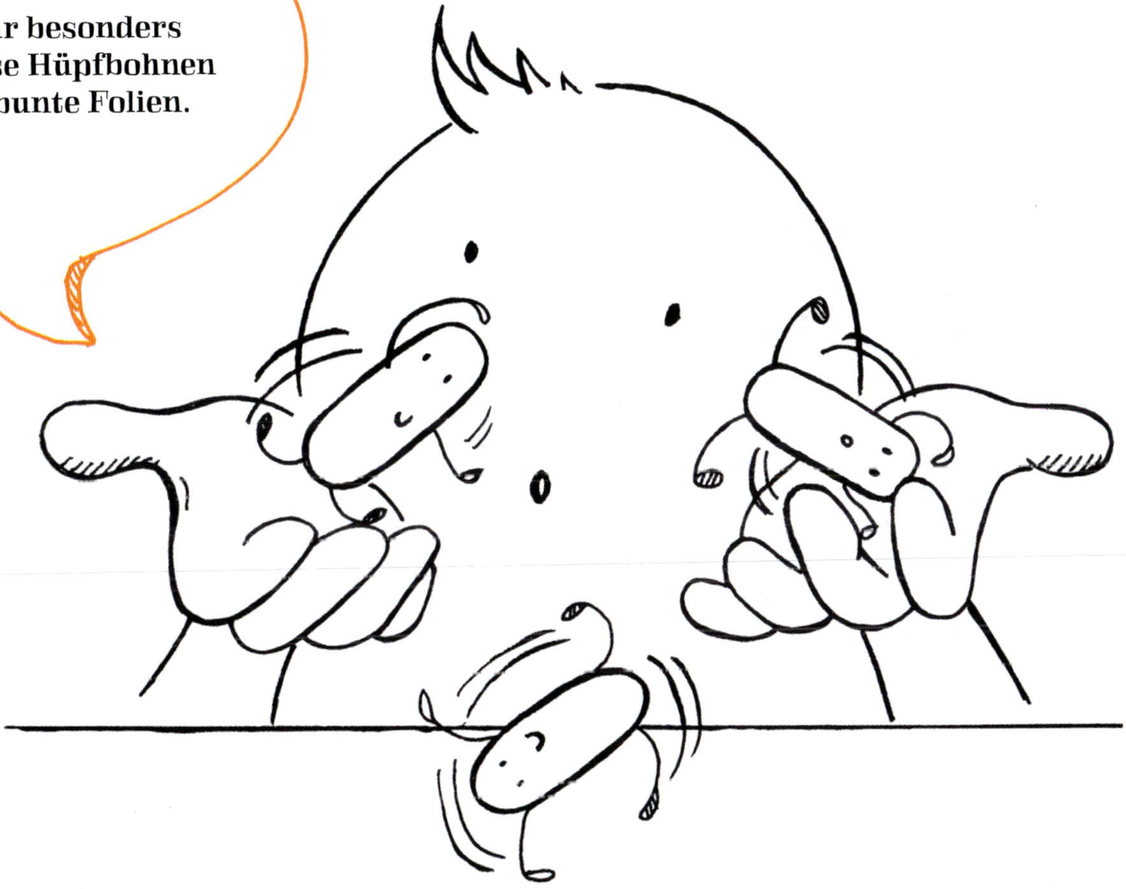

Glücks-karpfen fliegen lassen

Mit solchen Karpfendrachen (*koinobori*) feiert man in Japan den Kindertag. Natürlich kann man auch feiern, indem man Kindern so viel Schokolade gibt, wie sie tragen können, aber hey … diese Drachen sind auch schön!

Um dir einen eigenen Karpfendrachen zu basteln, falte ein Blatt Seidenpapier längs in der Mitte. Male mit Bleistift eine Karpfenform darauf (siehe Zeichnung). Du kannst den Schwanz mit dazu zeichnen oder später einen Schwanz aus Bändern machen.

Schneide den Karpfen aus, klappe das Papier auf und verziere es. Du kannst Augen und Schuppen aus Seidenpapier aufkleben oder einfach mit Filzstiften malen. Oder du schreibst etwas, zum Beispiel: „Heute ist Kindertag, gebt mir jede Menge Schokolade".

Schneide einen Papierstreifen von etwa 3 cm Breite aus und klebe ihn halb über das Maul des Fisches, dann klappe ihn um und klebe auch die andere Seite fest. Loche ihn dreimal in regelmäßigen Abständen. Wenn du einen Schwanz aus Bändern machen willst, **verstärke** das Ende des Karpfens ebenso.

Klebe nun die beiden langen Seiten des Drachens zusammen. Der Schwanz muss offen bleiben. Am besten geht es, wenn du eine Hand in den Drachen steckst und von innen dagegen hältst. Wenn du mit Klebestift arbeitest, musst du aufpassen, das Seidenpapier nicht zu zerreißen – etwas einfacher ist es mit Leim, den du mit einem kleinen Pinsel aufträgst.

Falls du möchtest, tackere jetzt noch einen Schwanz aus Bändern oder Seidenpapier an. Dann befestige drei Schnüre von etwa 60 cm Länge an den drei Löchern im Maul. Knote die anderen Enden an einen Stock. Stecke diesen in die Erde und warte auf den Wind, der deinen Karpfendrachen aufbläst.

Wenn es nicht windig genug ist, kannst du selbst für **Auftrieb** sorgen, indem du den Karpfen hochhältst und losrennst. Wenn du das zu anstrengend findest, iss ein bisschen Schokolade, das gibt neue Energie!

DU BRAUCHST: EIN BLATT SEIDENPAPIER, BLEISTIFT, SCHERE, PAPIER, KLEBESTIFT ODER LEIM UND PINSEL, LOCHER, SCHNUR, (BAMBUS-) STOCK, EVTL. BAND ODER SEIDENPAPIER FÜR DEN SCHWANZ, EVTL. TACKER

So machst du den Karpfen

mit Schwanz

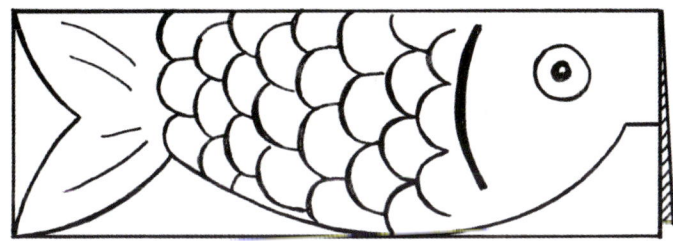

Für noch mehr Chaos

Probiere verschiedene Materialien aus. Pappe, Stoff, eine alte Plastiktüte – was funktioniert am besten? Lassen sich alle Materialien zusammenkleben oder musst du sie anders befestigen?

 ## Für Besserwisser

Der Wind bläst in den Karpfen hinein und darum herum und verursacht so einen **Auftrieb**. Dieser – Überraschung! – hebt den Drachen in die Höhe. Falls du den Stock stillhältst, kannst du die Windrichtung bestimmen, indem du beobachtest, in welche Richtung der Drachen zeigt und sich gegebenenfalls hebt.

gefaltet

ohne Schwanz

DU BRAUCHST:
NETZ (Z. B. ALTES ORANGENNETZ), BINDFADEN, NIST-MATERIAL (HAARE, WOLLE, MOOS UND SO WEITER)

Vögeln beim Nestbau helfen

Vögel sind keine Faulpelze. Sie stehen nicht nur superfrüh auf, fliegen den ganzen Tag herum und sammeln Futter, sondern sie bauen sich auch ihr Heim selbst! Im Gegensatz dazu sind wir echt bequem. Aber du kannst das wiedergutmachen, indem du den Vögeln hilfst, ihr Nest weich zu polstern.

Denn stelle dir vor: Selbst wenn die meisten Nester aus Zweigen bestehen, mögen es auch Vögel gern gemütlich. Also suche dir etwas Nistmaterial und hänge es so auf, dass die Vögel es finden können.

Wenn du einen Vogelfutterhalter für Erdnüsse oder Meisenknödel hast, kannst du natürlich den benutzen. Aber ein Netz für Nistmaterial lässt sich auch ganz einfach selber bauen. Nimm dazu ein altes Netz und schau nach, ob keine Löcher darin sind. Findest du Löcher, kannst du sie schließen, indem du einen Faden hindurchfädelst und verknotest.

Es gibt vieles, was sich als Nistmaterial benutzen lässt. Tier- oder Menschenhaare (genau, deine Haarbürste ist der Traum eines Innenarchitekten für Vogelnester), Fell, trockenes Gras und Moos, Flusen aus dem Wäschetrockner (mmmmh … köstlich!), Wollfäden (10–20 cm Länge) und Federn.

Fülle alles, was du gefunden hast, in das Netz und lass ein paar Enden herausstehen, damit die Vögel sie gut greifen können. Verknote das obere Ende mit einem langen Bindfaden und häng das Netz an einem Baum auf.

Für noch mehr Chaos

Beobachte die Vögel: Welche Materialien mögen sie am liebsten? Welche Arten bevorzugen was? Vielleicht entdeckst du sogar, wo die Vögel ihr Nest bauen. Achte aber darauf, sie nicht zu stören.

 Für Besserwisser

Wenn du Vögel beobachtest, wie sie das Nistmaterial einsammeln und nutzen, betreibst du **Zoologie** – das ist die Wissenschaft, die Tiere, ihre Lebensweise und ihren Lebensraum untersucht. Die **Ornithologie** beschäftigt sich speziell mit Vögeln.

Geschenk-tüten aus Zeitungs-papier

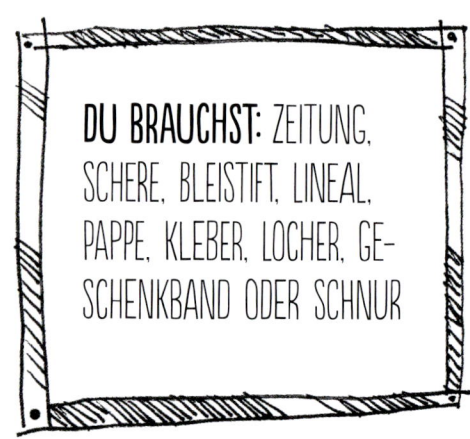

DU BRAUCHST: ZEITUNG, SCHERE, BLEISTIFT, LINEAL, PAPPE, KLEBER, LOCHER, GE-SCHENKBAND ODER SCHNUR

Stelle dir vor, aus alten Zeitungen lassen sich schöne Geschenktüten basteln. So sparst du nicht nur jede Menge Taschengeld, sondern die Erwachsenen werden glauben, dass du ein aufmerksames und kreatives Kind bist – und kein Geizhals. So komisch sind Erwachsene nun mal.

Ein einzelnes Zeitungsblatt wäre nur für sehr leichte Geschenke geeignet. Deshalb legst du am besten zwei Blätter aufeinander, bevor du ein Rechteck daraus schneidest (23 cm mal 41 cm für kleine Tüten und 37 cm mal 62 cm für große Tüten). Durch die doppelte Lage ist deine Tüte stabiler und du kannst schwerere Geschenke damit transportieren.

Mit Lineal und Bleistift markierst du die auf der Zeichnung gezeigten Linien in deinem Rechteck. Falte entlang der Linien und zieh die Falten gut nach.

Um den oberen Rand zu **verstärken**, schneide für jede Seite ein Stück Pappe aus, das so groß wie die obere Klappe ist. Falte die Klappen um und klebe die Pappe darunter (die zweite Lage Zeitung musst du natürlich auch festkleben).

Klappe das Vorderteil um. Klebe es an den Seitenstreifen (denk wieder an die zweite Lage Zeitungspapier).

Stelle deine Tüte auf und falte die unteren Klappen sorgfältig um, sodass sie sich in der Mitte treffen und den Boden der Tüte bilden. Dabei entstehen in den Ecken Dreiecke. Drücke die entstandenen Falten mit Daumen und Zeigefinger gut flach. Streiche dann Kleber oben auf die Dreiecke und drücke den Boden der Tüte fest darauf.

Dann schneide ein Stück Pappe in der Größe des Bodens aus und klebe es von innen darauf, um den Boden zu verstärken. Nun musst du nur noch den oberen Rand auf jeder Seite zweimal lochen, ein Band hindurchfädeln und es innen festknoten. Achte darauf, dass beide Henkel gleich lang sind.

Und zum Schluss (ganz wichtig) kannst du ausrechnen, wie viel Geld du sparen konntest, indem du keine Geschenktüte gekauft hast. Und wie viele Süßigkeiten du dafür kriegst.

Für noch mehr Chaos:

Ändere die Maße, um größere, kleinere, breitere oder schmalere Tüten zu machen. Verwende auch unterschiedlich viele Lagen Zeitung und probiere aus, wie viel Gewicht die jeweilige Tüte tragen kann.

 ## Für Besserwisser:

Durch dieses Projekt lernst du die Eigenschaften von alltäglichen Materialien kennen. Zeitungspapier ist sehr *flexibel* (deshalb lässt es sich leicht falten), aber nicht besonders *stabil*. Pappe ist stabiler und auch *steifer*. Deshalb ist sie gut geeignet, um die Tüte am Rand und am Boden zu **verstärken**, wo sie am meisten belastet wird.

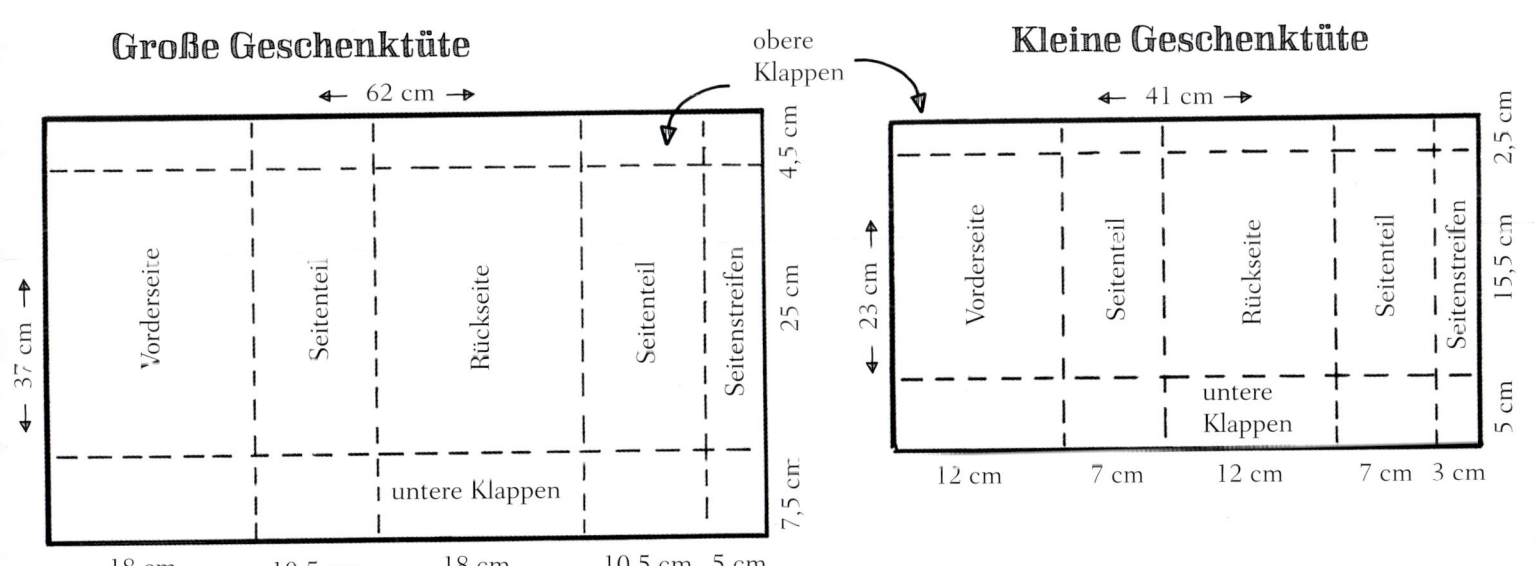

Große Geschenktüte

obere Klappen

← 62 cm →

4,5 cm

Vorderseite | Seitenteil | Rückseite | Seitenteil | Seitenstreifen

37 cm

25 cm

untere Klappen

7,5 cm

18 cm | 10,5 cm | 18 cm | 10,5 cm | 5 cm

Kleine Geschenktüte

← 41 cm →

2,5 cm

Vorderseite | Seitenteil | Rückseite | Seitenteil | Seitenstreifen

23 cm

15,5 cm

untere Klappen

5 cm

12 cm | 7 cm | 12 cm | 7 cm | 3 cm

Kranz aus Küchen- papier- Blüten

Welche Farbe hat ein schwarzer Filzstift? Das ist eine Fangfrage, denn ich weiß die Antwort selber nicht. Ich weiß nur, dass er nicht wirklich schwarz ist. (Verwirrend, oder?)

Um es herauszufinden, male einen kleinen Kreis mit schwarzem Filzstift auf ein Blatt Küchenpapier – mache ihn schön dick, sodass viel Farbe auf das Papier gelangt.

Falte das Papier jetzt halb und dann noch einmal zu Vierteln. Dann steckst du es mit der schwarzen Spitze nach unten in ein Glas mit etwas Wasser. Wenn das Wasser vom Papier aufgesogen wird, trennt es die Filzstifttinte in verschiedene Farben, und du siehst, welche Farben wirklich in dem Filzstift stecken.

Mache das mit mehreren Küchentüchern und lass diese trocknen. Dann faltest du sie wieder zu Vierteln und schneidest sie wie auf der oberen Zeichnung gezeigt.

Trenne dann vorsichtig die Lagen des Innenkreises, falte jedes Teil zu Vierteln, rolle es auf und klebe die Teile nebeneinander auf ein Stück Klebeband.

Dann trenne auch die Blumenteile, falte sie zu Vierteln und klebe sie nacheinander auf das Klebeband. Rolle das Klebeband zu einer Blüte auf.

Nun bastelst du eine Basis für den Kranz. Benutze einen großen Teller als Schablone und schneide einen Kreis aus Pappe aus. Mit einem kleineren Teller zeichnest du einen Innenkreis, den du auch ausschneidest. Nun hast du einen Ring.

Klebe ein Stückchen Knetkleber unter den Pappring und stich mit einer Schere ein Loch in die Pappe. Stecke die erste Blüte hindurch und klebe sie hinten gut fest. Mache das so lange, bis dein Kranz voller Blüten ist und man die Pappe nicht mehr sehen kann. Dann bindest du ein schönes Band um den Kranz und hängst ihn an einem Haken oder Nagel auf.

Siehe da: Du hast einen ziemlich farbenfrohen Kranz aus schwarzem Filzstift gemacht.

Für noch mehr Chaos:

Probiere die Wassermethode mit verschiedenen schwarzen Stiften und auch mit anderen Farben aus. Welche Farbe ergibt die buntesten Küchentücher? Funktioniert die Methode auch mit Kopierpapier, Seidenpapier oder Pappe? Wenn nicht, was könnte der Grund sein?

 Für Besserwisser:

Warum trennt Wasser das Schwarz in verschiedene Farben? Wasser ist ein **Lösungsmittel**, das die **Pigmente** der Filzstifttinte trennt. Die Pigmente, die sich leichter **lösen**, wandern im Küchenpapier weiter nach außen, sodass die verschiedenen Farben sichtbar werden. Solch ein Verfahren nennt man **Chromatografie**.

So fertigst du die Blüten

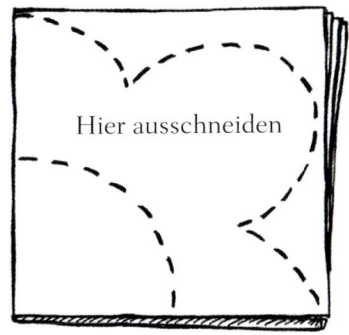

Küchenpapier zu
Vierteln falten

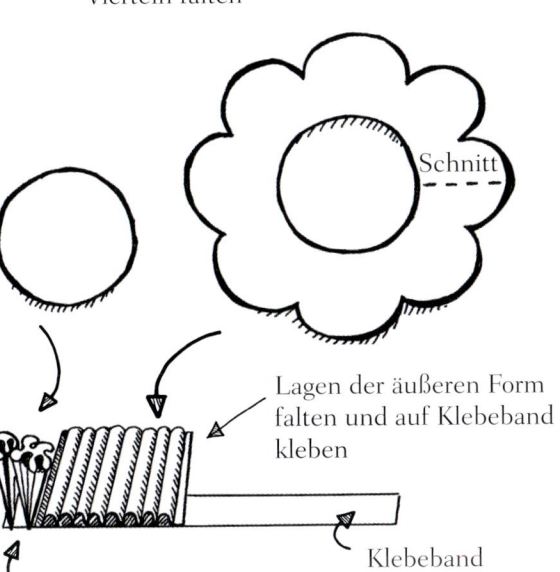

Schnitt

Lagen der äußeren Form
falten und auf Klebeband
kleben

Klebeband

Inneren Kreis trennen,
falten und aufkleben

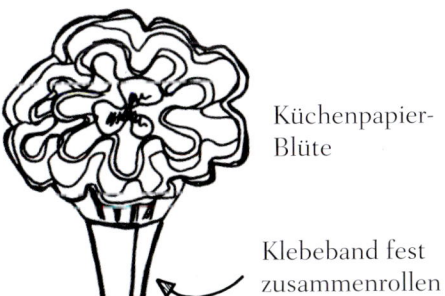

Küchenpapier-
Blüte

Klebeband fest
zusammenrollen

Hier ausschneiden

DU BRAUCHST: SCHWARZEN FILZSTIFT, KÜCHEN
PAPIER, GLAS, WASSER, SCHERE, ABKLEBEBAND,
KLEINEN UND GROSSEN TELLER ALS SCHABLONEN,
WELLPAPPE, KNETKLEBER, GESCHENKBAND

Postkarte mit geheimer Botschaft

Postkarten sind schön, aber ganz ehrlich – Geschenke sind besser. Manche Karten sind allerdings so toll, dass es nicht schlimm ist, wenn du kein Geschenk mitbringst.

Falte zuerst das A4-Blatt in der Mitte – das ist die Basis für deine Karte. Mache nun eine Schablone mit einer einfachen Form (zum Beispiel Herz, Stern oder Kreis), die du auf eine andere Karte überträgst und von innen ausschneidest. Am besten geht das, wenn du die Karte in der Mitte knickst und einen Schlitz hineinschneidest. In diesen Schlitz kannst du die Schere stecken und die Form ausschneiden.

Dann lege deine Schablone auf ein anderes Stück Tonpapier, das farblich gut zu deiner Basis-Karte passt. Zeichne die Form mit einem Bleistift nach und schneide sie aus, dann kannst du eine Botschaft darauf schreiben. Zum Beispiel: „Danke!", „Happy Birthday!" oder „Mehr Geschenke gibt es nicht!"

Mithilfe deiner Schablone schneidest du nun dieselbe Form noch einmal aus, und zwar aus einem Material, das deine Nachricht schützt, sie aber sichtbar bleiben lässt: durchsichtige Klebefolie.

Klebe die Botschaft vorne auf deine Karte und die Klebefolie darüber. Lege die Schablone darüber und befestige sie mit Büroklammern an der Karte.

Du versteckst jetzt deine Nachricht, indem du sie übermalst. Die Schablone sorgt dafür, dass die Farbe nur auf der Form landet und der Rest der Vorderseite frei bleibt. Die Klebefolie schützt die Nachricht.

Wenn die Farbe getrocknet und die Nachricht nicht mehr zu sehen ist, kannst du die Schablone entfernen und noch etwas auf die Innenseite der Karte schreiben. Zum Beispiel einen Hinweis, dass deine Freundin die Form auf der Vorderseite freikratzen muss, um ihre Nachricht zu lesen.

Wenn du gleich eine kleine Münze auf die Innenseite klebst, wird deine Freundin etwas haben, womit sie kratzen kann – und du kannst zweifelsfrei beweisen, dass du wahnsinnig großzügig bist.

Für noch mehr Chaos:

Experimentiere mit verschiedenen Farben, um zu sehen, welche davon die Nachricht am besten verdeckt. Warum ist das so? Kannst du ein anderes Material als Klebefolie finden, um deine Nachricht zu schützen?

 **Für Besserwisser:**

In diesem Projekt geht es darum, Materialien mit den richtigen Eigenschaften zu finden. Farbe enthält Wasser, bis sie getrocknet ist, deshalb musst du ein wasserfestes Material benutzen, um deine Nachricht zu schützen. Außerdem muss das Material **transparent** sein – also durchsichtig, damit die Nachricht sichtbar bleibt. Das Material muss außerdem glatt sein, damit sich die Farbe leicht abkratzen lässt, und eine Seite muss **adhäsiv** sein (kleben), damit sie an der Karte haftet.

DU BRAUCHST: A4-BLATT BUNTES TONPAPIER, PAPPE FÜR SCHABLONE, BLEISTIFT, SCHERE, TONPAPIER IN EINER ANDEREN FARBE, DURCHSICHTIGE KLEBEFOLIE, BÜROKLAMMERN, FARBE, PINSEL, EVTL. EINE MÜNZE, EVTL. KLEBERAND

Mini-Gewächshaus bauen

Manche Pflanzen brauchen zum Keimen etwas mehr Wärme, besonders solche, die aus warmen Gegenden kommen. Daran solltest du denken, wenn du etwas aussäen willst.

Halt, was machst du denn da? Lege die Decke weg und hör auf, die Wärmflasche zu füllen! Das bringt nichts. Stattdessen wollen wir ein Mini-Gewächshaus bauen.

Nimm dazu eine leere, saubere Plastikflasche, schraube den Deckel ab und drücke sie flach. Nun mit einer Schere vorsichtig den oberen Teil abschneiden, die Flasche wieder in Form drücken und den Deckel aufschrauben.

Suche dir einen Blumentopf, der etwas größer als das Flaschengewächshaus ist. Fülle ihn mit Erde und drücke sie gut an. Säe dann die **Samen** wie auf der Packung angegeben und wässere sie gründlich.

Wenn du ein Schild machen möchtest, malst du ein Bild der Pflanze, die du gerade gesät hast, auf ein Stückchen Pappe. Bohre ein Loch hinein, fädele einen Faden hindurch und knote ihn am Flaschenhals fest. Du kannst auch den Namen der Pflanze und das Datum der Aussaat auf das Schild schreiben.

Dann stellst du den Blumentopf an ein sonniges Fenster und setzt das Mini-Gewächshaus darauf.

Wenn die Sonne scheint, wird sich die Luft im Gewächshaus erwärmen. Außerdem wird das Wasser **verdunsten**, aber da es nicht wegkann, sammelt es sich als Kondenswasser (**Kondensation**) an den Flaschenwänden und tropft daran herunter, wenn die Luft sich abends abkühlt. Bilden sich zu viele Tropfen, solltest du den Deckel für 1–2 Stunden abnehmen, damit etwas Feuchtigkeit entweichen kann.

Wenn dein Keimling fast am Dach des Gewächshauses angekommen ist, nimm es ab, damit die Pflanze richtig wachsen kann. Machst du dir Sorgen, dass die Pflanze sich nicht wie zu Hause fühlt, lege einfach eine Sonnenbrille und eine Tube Sonnencreme neben den Blumentopf. Das hilft bestimmt.

Für noch mehr Chaos:

Säe die gleichen **Samen** in zwei verschiedene Blumentöpfe und bedecke nur einen davon mit einem Gewächshaus. Welche Unterschiede gibt es bei **Keimung** und Wachstum? Wenn du eine größere Flasche findest, kannst du auch ein geräumigeres Gewächshaus für eine größere Pflanze bauen.

Für Besserwisser:

Die Sonnenstrahlen können das Plastik durchdringen und die Luft im Inneren der Flasche erwärmen. Auch die Erde erwärmt sich, denn sie ist dunkel und **absorbiert** einen Großteil des Sonnenlichtes. Das Plastik (genau wie Glas) ist kein guter Wärmeleiter (hält die Wärme innen), sodass die Luft im Inneren des Gewächshauses wärmer ist als draußen. Erde, **Samen** und später der Keimling haben es schön warm – perfekte Bedingungen für **Keimung** und Wachstum.

DU BRAUCHST: PLASTIKFLASCHE MIT DECKEL, SCHERE, BLUMENTOPF, BLUMEN-ERDE, SAMEN, WASSER, PAPPE, STIFT, LOCHER, BAND ODER SCHNUR

Kartoffeln durchstechen

Eigentlich gibt es keinen guten Grund, Kartoffeln mit einem Strohhalm aufzuspießen, außer du magst Chips mit Löchern. Doch mit diesem Trick kannst du super angeben – wer braucht da schon Gründe?

Zuerst lässt du das Publikum deine rohe Kartoffel untersuchen, damit alle sehen, dass du sie nicht heimlich gekocht hast. Nun hältst du sie zwischen Daumen und Zeigefinger fest, und zwar seitlich (du willst dich ja nicht selber stechen), und nimmst einen Strohhalm in die andere Hand.

Halte unauffällig das obere Ende des Strohhalms mit dem Daumen zu, bevor du ihn schnell durch die Kartoffel stichst, sodass er an der anderen Seite wieder herauskommt.

Dann dürfen es deine Zuschauer selbst versuchen. Sind sie dabei zu zögerlich, wird der Strohhalm knicken, und wenn sie das obere Ende nicht zuhalten, kommen sie kaum mit dem Halm durch die Kartoffel. Du kannst ihnen ewig zusehen, wie sie sich mühen und plagen. Vielleicht hast du sogar Zeit, so lange Chips mit Löchern zu machen.

Für noch mehr Chaos:

Es gibt noch mehr Gemüse, das nur darauf wartet, von einem Strohhalm angegriffen zu werden. Probiere es aus – das willst du doch! Du kannst auch erforschen, wie der Trick mit verschiedenen Strohhalm-**Durchmessern** funktioniert und ob Chips mit Löchern besser schmecken.

 Für Besserwisser:

Wenn du das Ende des Strohhalms zuhältst, werden die **Luftmoleküle** darin zusammengedrückt (komprimiert), sobald du den Halm in die Kartoffel stichst. Die zusammengepresste Luft verhindert, dass der Strohhalm abknickt, und macht ihn stark genug, die Kartoffel aufzuspießen. Wird der Strohhalm nicht abgedeckt, entweicht die Luft und der Strohhalm gibt bei Druck nach.

**Tipp: Nimm eine große Kartoffel,
dann hast du mehr Angriffsfläche.**

Papier-Helikopter entwerfen

Helikopter aus Papier sind leicht zu machen, aber es ist schwierig, sie perfekt hinzukriegen. Natürlich könnte ich dir die besten Maße verraten … aber das würde ja keinen Spaß machen.

Spannender ist es, wenn du die Anleitung (siehe Zeichnung) benutzt, um einen Helikopter auszuschneiden, und dann herumprobierst, bei welcher Bauweise er am längsten fliegt. Das **Experiment** kannst du natürlich allein machen – aber wenn ihr zu mehreren seid, stellt euch doch den Wecker auf eine halbe Stunde und versucht, um die Wette den perfekten Flieger zu basteln.

Damit es keine Industriespionage gibt, solltet ihr die Entwürfe und Testflüge vielleicht in getrennten Zimmern machen. Und denkt dran – Hilfe von Erwachsenen ist nicht erlaubt (und würde wahrscheinlich sowieso nicht viel bringen).

Um den perfekten Flieger zu bauen, kannst du Körperlänge, Körperbreite, Rotorlänge und -breite, Menge der Büroklammern, Knicke am Rotor und die Dicke des Papiers abwandeln. Es ist sinnvoll, sich all diese Faktoren zu notieren und jeweils dazuzuschreiben, wie lang der Helikopter im Testflug geflogen ist.

Wenn die Zeit um ist, hat jeder Teilnehmer drei Flugversuche. Die Helikopter müssen aus gleicher Höhe starten, und jemand muss stoppen, wie lange sie jeweils fliegen. Der mit dem längsten Flug gewinnt – und alle anderen können nun den Entwurf nachbauen.

Für noch mehr Chaos:

Ihr könnt die Helikopter noch weiter verändern – zum Beispiel den Körper oder die Flügel mit Klebeband **verstärken**. Oder ihr verziert die Flieger oder lasst einen Piloten mitfliegen. Damit werdet ihr wahrscheinlich nicht gewinnen, aber es sieht gut aus – fast genauso wichtig.

 Für Besserwisser:

Ich will euch keinen Schrecken einjagen, aber ihr habt gerade wissenschaftlich gearbeitet, ohne es zu merken! Ihr habt vergleichende und gerechte Tests durchgeführt, **Daten** gesammelt und analysiert und diese dazu genutzt, Materialien auszuwählen und euren Entwurf zu verbessern. Ha! Und ihr dachtet, es ginge nur darum, eure Freunde zu besiegen!

So bastelt ihr den Helikopter

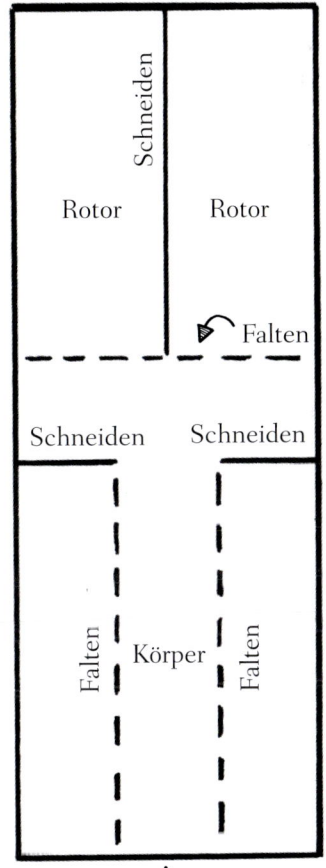

Schneiden

Rotor — Rotor

↰ Falten

Schneiden — Schneiden

Falten — Körper — Falten

↑ Hier nach dem Falten
Büroklammer befestigen

DU BRAUCHST: PAPIER, BLEISTIFT, LINEAL, SCHERE, BÜROKLAMMERN, EVTL. WECKER UND STOPPUHR

Rechteckige Seifenblase machen

DU BRAUCHST: 6 PFEIFENPUTZER (JE 30 CM LANG), STROHHALME, LINEAL, SCHERE, SCHÜSSEL ODER EIMER, TASSE, WASSER, SPÜLMITTEL, ESSLÖFFEL, EVTL. GLYCERIN

Runde Seifenblasen? Du machst runde Seifenblasen? Das ist so was von out. Rechteckige Seifenblasen sind der letzte Schrei. Pass auf.

Um eine Vorrichtung für eckige Seifenblasen zu bauen, musst du zunächst die Pfeifenputzer in der Mitte durchschneiden, sodass sie nun 15 cm lang sind. Dann schneidest du 12 Strohhalme von 9 cm Kantenlänge zu.

Drehe zwei Pfeifenputzer an den Enden zusammen, sodass sie einen rechten Winkel bilden. Fädele auf jeden einen Strohhalm. Drehe zwei weitere Pfeifenputzer an den Enden mit den ersten zusammen, sodass sie ein Quadrat bilden. Bevor du dieses durch Verdrehen der Enden schließt, auf jeden einen Strohhalm fädeln.

Lege das Quadrat auf den Tisch und drehe an allen vier Ecken wieder Pfeifenputzer fest. Diese sollen nach oben zeigen. Fädele auf jeden einen Strohhalm und bringe die letzten vier Pfeifenputzer (mit Strohhalmen) an, sodass du einen Würfel erhältst.

Die Seifenblasenmischung in einer großen Schüssel oder einem Eimer anrühren. Dazu drei Tassen Wasser und eine Tasse Spülmittel in den Eimer kippen und langsam umrühren, damit es keinen Schaum gibt. Gib gegebenenfalls auch noch einen Esslöffel Glycerin dazu, dann werden die Seifenblasen stabiler.

Jetzt kannst du deinen Würfel in die Mischung tauchen. Er muss vollständig bedeckt sein (du darfst den Würfel aber ruhig ein bisschen kippen oder zusammendrücken, damit er hineinpasst, und ihn dann wieder in Form bringen). Zieh ihn vorsichtig wieder heraus – nun sollten von allen Kanten Seifenhäute ausgehen, die sich in der Mitte treffen. Du kannst nun einen Strohhalm in die Seifenblasenmischung tauchen und … NEIN, nicht saugen! Das schmeckt ekelhaft. Stattdessen hältst du das Ende des Strohhalms in die Mitte des Würfels und bläst vorsichtig. Und siehe da, in der Mitte formt sich eine würfelförmige Seifenblase.

Obwohl – würfelförmige Seifenblasen waren vor fünf Minuten in. Jetzt sind Pyramiden in Mode, weißt du das nicht?

Für noch mehr Chaos:

Baue verschiedene Formen aus Pfeifenputzern und Strohhalmen. Was passiert, wenn du sie in die Seifenblasenmischung tauchst?

Für Besserwisser:

Wasser hat eine Haut (genau wie Schoko-
ladenpudding), weil die Wasser**moleküle** sich gegenseitig anziehen und eine
Schicht bilden. Das ist die **Oberflächenspannung**. Wenn man das Wasser mit Seife mischt, wird die Haut noch elastischer.
Trotzdem ist sie nicht besonders stark,
weshalb Blasen immer die kleinstmögliche
Oberfläche anstreben, um die Luft darin
einzuschließen. Dies ist normalerweise
eine Kugel, aber in diesem Fall wird die
Seifenhaut von den Seitenwänden festgehalten, sodass die Blase würfelförmig
erscheint (wenn du allerdings genau hin-
siehst, merkst du, dass sich die Wände
etwas ausbeulen).

Zeitversetzte Seerosen-Nachrichten senden

Vergiss Telefon, E-Mail oder SMS – du kannst deine Nachrichten auch per Seerose senden. Das ist doch viel eindrucksvoller, oder?

Zuerst musst du die Seerosen basteln. Du kannst die Form auf der rechten Seite kopieren und auf Tonpapier übertragen oder du entwirfst selbst eine Blüte mithilfe von Papier, Lineal und deiner eigenen Genialität.

Schneide die Form aus und benutze sie als Schablone, um Seerosen aus verschieden dicken Papieren und Pappen anzufertigen. Nimm von jeder Papiersorte eine Seerose und falte die Blütenblätter nach innen – eins nach dem anderen, im Uhrzeigersinn. Dann legst du die gefalteten Blüten in eine Schüssel mit Wasser und stoppst die Zeit, die sie jeweils brauchen, um sich zu öffnen. Schreibe die Zeiten für jede Papiersorte auf.

Nun hast du die **Daten** zur Öffnungszeit und kannst deine Nachricht schreiben. Schneide einen Kreis oder ein Blütenblatt aus, das in die Mitte der Seerosen passt, schreibe deine Nachricht darauf und

klebe es mit Klebestift fest. Die Nachricht schreibst du am besten mit Bleistift oder Wachsstift (beides löst sich nicht in Wasser). Wenn du jemanden richtig beeindrucken willst, verteile deine Nachricht auf verschiedene Seerosen – den ersten Teil auf die Sorte Papier, die sich am schnellsten öffnet, den nächsten auf die zweitschnellste und so weiter.

Du kannst zum Beispiel den Namen von jemandem buchstabieren oder ‚Happy' ‚Birthday' oder ‚Ich' ‚mag' ‚dich' schreiben. Oder sogar ‚Ja' ‚ich' ‚weiß' ‚sms' ‚geht' ‚fixer' ‚na' ‚und?'.

Für noch mehr Chaos:

Experimentiere mit weiteren Papieren. Was passiert mit Zeitungs- oder Küchenpapier, Pergament- oder Transparentpapier?

Seerosen-Schablone

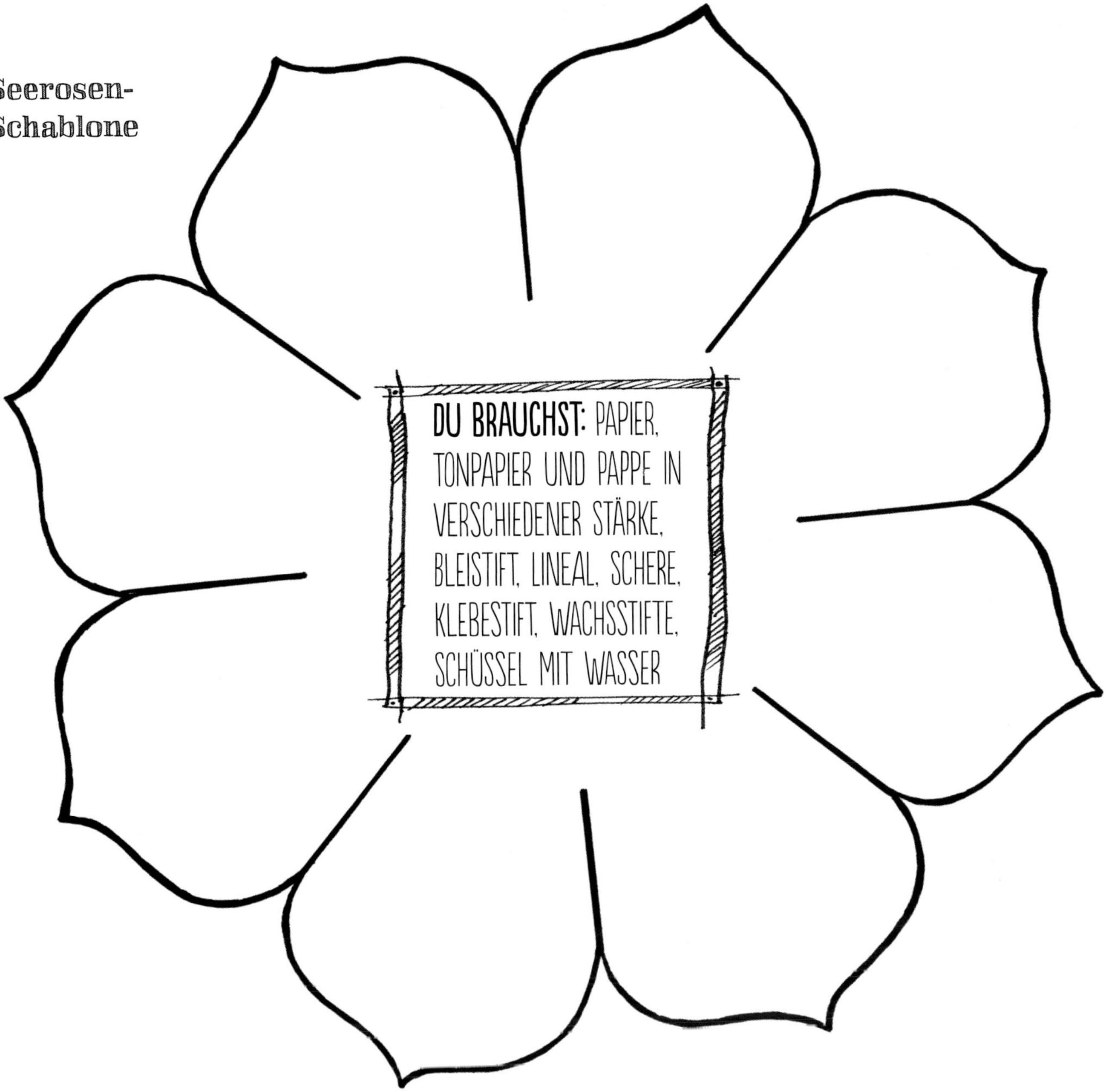

DU BRAUCHST: PAPIER, TONPAPIER UND PAPPE IN VERSCHIEDENER STÄRKE, BLEISTIFT, LINEAL, SCHERE, KLEBESTIFT, WACHSSTIFTE, SCHÜSSEL MIT WASSER

 **Für Besserwisser:**

Papier und Pappe bestehen aus winzigen Holz-**fasern**. Wenn diese Wasser **absorbieren**, quellen sie auf und werden größer. So entsteht die Bewegung, die die Blüte öffnet. Verschiedene Papiersorten absorbieren Wasser unterschiedlich schnell. Das hängt unter anderem von der Dicke ab und davon, ob das Papier beschichtet ist.

So machst du das Badewannenboot

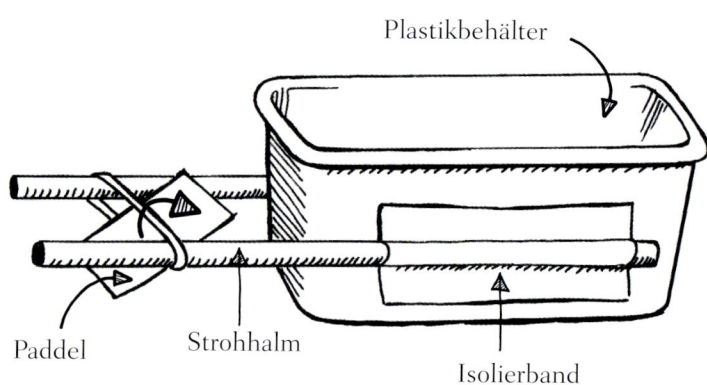

Plastikbehälter

Paddel

Strohhalm

Isolierband

Badewannen-boot bauen

DU BRAUCHST: EINEN RECHT-ECKIGEN PLASTIKBEHÄLTER MIT DECKEL (Z. B. VON MARGARINE), ISOLIERBAND, STROHHALME, SCHERE, GUMMIBAND, EVTL. STIFT UND LINEAL

Wenn deine Eltern darauf bestehen, dass du in die Badewanne steigst, kannst du die Badezeit zumindest etwas spannender machen, indem du dir dein eigenes kleines Badewannenboot baust. Das könnte dich sogar von der gruseligen Vorstellung ablenken, sauber zu werden.

Zuerst nimmst du den Plastikbehälter und klebst zwei Strohhalme mit Isolierband an die Seiten, sodass die Enden nach hinten abstehen (siehe Zeichnung). Aus dem Deckel des Behälters schneidest du ein Rechteck aus – entweder frei Hand oder etwas genauer mit Stift und Lineal. Es muss schmaler sein als der Platz zwischen den beiden Strohhalmen.

Dann legst du ein Gummiband am Ende um die Strohhalme, steckst das Plastikrechteck als Paddel dazwischen und drehst es um sich selbst, sodass sich das Gummiband eindreht.

Hast du das Boot auf diese Weise aufgezogen, setze es ins Wasser und lass los. Wenn sich das Gummi ausdreht, wird das Paddel wie ein Propeller rotieren, dabei das Wasser wegdrücken und so das Boot bewegen. Wahrscheinlich wird es aussehen, als ver-suche das Boot, aus der Badewanne zu entkommen. Das kannst du gut verstehen, oder?

Für noch mehr Chaos:

Zieh das Boot versuchsweise anders herum auf – was passiert? Oder befestige zwei weitere Strohhalme und noch ein Paddel am anderen Ende des Bootes. Du kannst das Boot auch beschweren, indem du etwas hineinlegst … vielleicht etwas Gruseliges wie ein Stück Seife. Was passiert dann?

Für Besserwisser:

Wenn du das Gummi eindrehst, wandelst du Bewegungsenergie (**kinetische Energie**) in gespeicherte Energie (**potenzielle Energie**) um. Lässt du das Paddel los, wird die gespeicherte Energie wieder zu Bewegungsenergie, wenn sich das Band ausdreht. Das Paddel bewegt sich und treibt das Boot voran.

Schneesturm entfachen

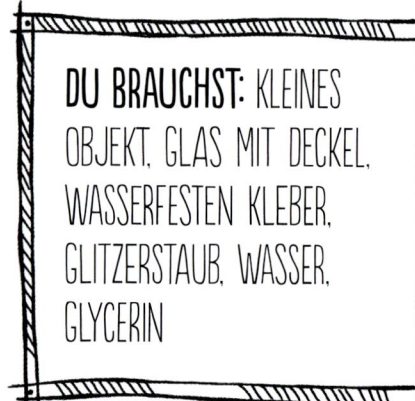

DU BRAUCHST: KLEINES OBJEKT, GLAS MIT DECKEL, WASSERFESTEN KLEBER, GLITZERSTAUB, WASSER, GLYCERIN

Nein, das wird KEIN echter Schneesturm. Ich habe dir doch schon oft erklärt, dass du kein Wettergott und auch kein Superheld bist. Du kannst keinen Schnee zaubern, egal was du versuchst.

So, wenn du dich damit abgefunden hast, können wir einen Schneesturm entfachen – im Wasserglas.

Zuerst brauchst du ein kleines, wasserfestes Objekt. Plastikfiguren sind gut geeignet, aber achte darauf, dass sie groß genug sind, damit man sie im Glas gut sieht. Und nimm nicht gerade das schönste Schmuckstück deiner Schwester! Klebe das Objekt mit wasserfestem Kleber innen auf den Glasdeckel und lass es trocknen. Ja, du musst tatsächlich etwas warten – das ist wahrscheinlich schwieriger für dich, als einen Schneesturm zu entfachen.

Nun kippst du den Glitzerstaub in das Glas, füllst es fast bis oben hin mit Wasser und gibst noch ein paar Tropfen Glycerin hinzu. Dann den Deckel fest zuschrauben, etwas schütteln und das Glas umdrehen. Du siehst einen wirbelnden Schneesturm, eine **Suspension** aus Glitzerstaub, dann legt sich der Sturm und enthüllt – das liebste Schmuckstück deiner Schwester! Huuuui, das gibt Ärger!

Für noch mehr Chaos:

Experimentiere mit verschiedenen Mengen Glycerin und beobachte, wie lange der Glitzerstaub herumwirbelt, bevor er sich legt. Oder du stoppst die Zeit, die deine Schwester braucht, um loszuschreien, weil sie gesehen hat, was in deiner Schneekugel steckt.

 Für Besserwisser:

Wenn du das Glas schüttelst, bildet der feine Glitzerstaub eine **Suspension** im Wasser, bevor er sich am Boden absetzt. Glycerin ist dickflüssig und **löst** sich im Wasser. Je mehr du hinzugibst, desto höher wird die **Viskosität** des Wassers (es wird ebenfalls dickflüssiger). Der Glitzerstaub braucht dann länger, um sich abzusetzen.

Male oben auf die Pappe eine Sonne und unten Regenwolken. Dann kannst du das Barometer leichter ablesen.

Barometer bauen

Ein Barometer kann dir helfen, die Zukunft vorauszusagen – aber leider nur, was das Wetter angeht. Wenn du wissen willst, wie die nächste Mathearbeit läuft, musst du auf zuverlässigere Methoden zurückgreifen … Kristallkugeln und Horoskope zum Beispiel.*

Zuerst schneidest du das untere Drittel des Ballons ab und legst den oberen Teil über die Öffnung des Glases. Zieh das Gummi glatt, es darf keine Falten werfen. Binde die Ballonhaut mit Elastikband fest.

Schneide dann ein Ende des Strohhalms im Winkel ab, sodass es spitz ist. Das andere Ende in die Mitte des Ballonüberzugs auf das Glas kleben.

Falte die Pappe in der Mitte, damit sie stehen kann, und stelle sie hinter der Spitze des Strohhalms auf. Markiere die Stelle, auf die der Strohhalm im Moment zeigt, dann füge noch mehr Markierungen darüber und darunter hinzu, jeweils im Abstand von 5 mm. Dann stellst du Pappe und Glas an einem Ort auf, wo sie nicht bewegt werden (zum Beispiel auf dein Mathebuch).

Kontrolliere dein Barometer regelmäßig mehrmals am Tag. Wenn sich der Strohhalm nach oben bewegt, sagt das Barometer trockenes Wetter voraus. Wenn er nach unten weist, ist Regen wahrscheinlicher. Bewegt er sich gar nicht, heißt das, dass sich nichts ändert (auch deine Mathezensuren nicht, wenn du nicht endlich das Buch aufschlägst).

*Leider funktioniert auch das nicht. Du musst wohl üben, denn das ist das Einzige, was hilft. Komisch, aber wahr.

Für noch mehr Chaos:

Nimm einen besonders langen Strohhalm – macht das einen Unterschied? Du kannst dir selbst einen basteln, indem du in einen normalen Strohhalm am Ende zwei Schnitte machst (ca. 5 mm lang) und diesen in einen anderen Strohhalm schiebst. Nun beide mit Klebeband zusammenkleben.

 Für Besserwisser:

Das Glas ist voller **Luftmoleküle**, die darin gefangen sind, während sich die Luft außerhalb frei bewegen kann. Kalte Luft sinkt nach unten, dabei erhöht sich der **Luftdruck** auf die Ballonhaut. Sie senkt sich ab und der Strohhalm zeigt nach oben.

Warme Luft dehnt sich aus und steigt nach oben. Der Luftdruck außerhalb des Glases sinkt, gleichzeitig dehnt sich die Luft im Glas aus, was dazu führt, dass sich die Ballonhaut nach oben wölbt. Der Strohhalm zeigt nach unten. Diese Vorrichtung hilft, das Wetter vorauszusagen, denn niedriger Luftdruck führt oft zu wechselhaftem und nassem Wetter.

Wachsbilder mit Blattabdruck malen

Manche Dinge kommen einfach nicht miteinander aus – da hilft es auch nicht, wenn ein Erwachsener streng „Vertragt euch!" sagt. Nimm zum Beispiel Wachs und Wasser – die beiden können sich nicht ausstehen. Aber anders als bei dir und dem Nachbarsmädchen ist es nichts Persönliches. Es ist einfach Wissenschaft.

Die Tatsache, dass sich diese beiden Dinge abstoßen, können wir sogar nutzen … zum Beispiel, um eindrucksvolle Bilder zu malen.

Fange an, indem du ein Pflanzenblatt unter dein Papier legst und dann an dieser Stelle mit der Kerze fest über das Papier reibst. Danach verschiebst du das Blatt an eine andere Stelle und reibst wieder mit der Kerze darüber. Das machst du an mehreren Stellen des Papiers.

Nun übermalst du das Bild mit Wasserfarben. Nimm einen Pinsel und male eine Schicht Farbe über das Wachs, dann erscheint das Muster des Blattes. Das liegt daran, dass das Wachs an den Stellen abgerieben wurde, wo die Blattadern herausstehen. Wachs stößt Wasser ab, deshalb bleiben diese Stellen hell.

Wenn du zufrieden mit deinem Bild bist, lass die Farbe trocknen und rahme es ein. Du kannst es auch dem Nachbarsmädchen zeigen und sagen: „Guck mal, die Farbe findet das Wachs genauso abstoßend wie ich dich!" Dann rennst du weg … SCHNELL!

Für noch mehr Chaos:

Vielleicht findest du noch andere Dinge mit interessanter **Oberfläche**, die du unter das Papier legen kannst. Oder du probierst statt einer Kerze weiße oder bunte Wachsstifte aus – funktioniert das? Kannst du auch Pappe statt Papier verwenden?

Für Besserwisser:

Wasserfarbe wird von den mit Wachs bestrichenen Stellen nicht angenommen, da Wachs **hydrophob** ist (es stößt Wasser ab). Das Papier besteht größtenteils aus **Cellulose**, die **hypdrophil** ist. Das heißt, dass es Wasser annimmt und deshalb die Farbe schnell aufsaugt.

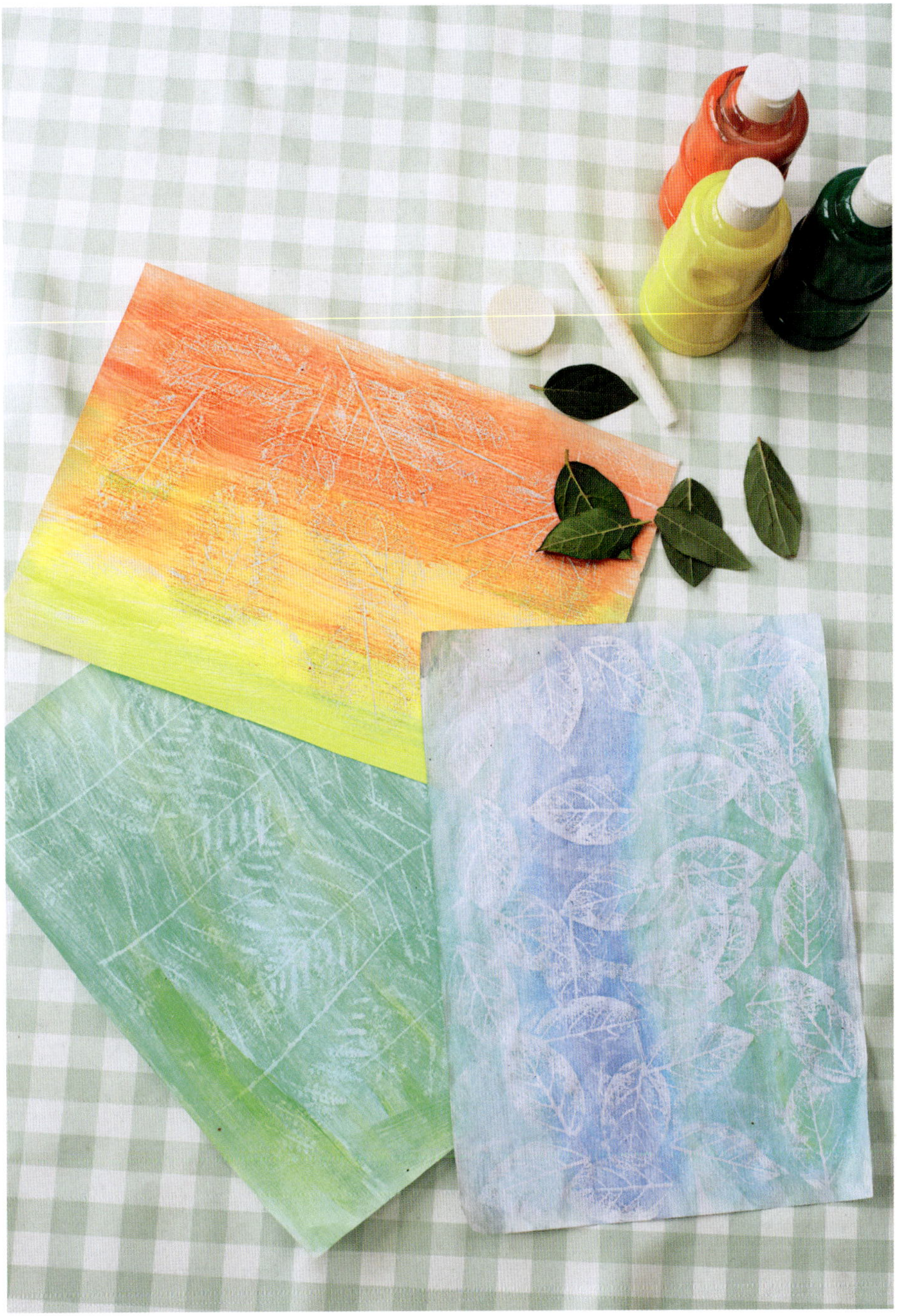

Tipp: Mit verschiedenen Wasserfarben malst du ein buntes Blätterbild.

Geister erwecken

Jaaa, jetzt wecken wir die Toten auf! An dieser Stelle musst du wie ein durchgeknallter Wissenschaftler lachen: MUA-HA-HA!!!*

Natürlich brauchst du zuerst ein paar Geister. Wenn du nicht gerade in einem Spukschloss wohnst, ist es am besten, selbst welche zu basteln. Dafür schneidest du einen Geisterumriss aus Seidenpapier aus und malst mit schwarzem Filzstift ein gruseliges Gesicht darauf. Wenn du mehrere Geister auf einmal machen willst, kannst du mehrere Blätter Seidenpapier übereinanderlegen und alle zusammen ausschneiden.

Nun klebst du die Geister am unteren Ende mit Klebeband an den Tisch, damit sie nicht wegfliegen können (mit solchen Tricks muss man nämlich bei übernatürlichen Gestalten rechnen).

Puste einen Luftballon auf und verschließe ihn mit einem Knoten. Dann musst du ihn eine Minute lang an deinen Haaren oder einem Pullover reiben. Statt mit einem Luftballon funktioniert es auch mit einem Plastiklineal oder einem Kamm. Du weißt schon, ein Kamm – nein, das ist kein Folterwerkzeug, sondern ein Ding, mit dem du deine Haare ordentlich machst. Was soll das heißen, „Das ist doch dasselbe!"?

Nimm den Ballon, das Lineal oder den Kamm (nun guck nicht so ängstlich!) und halte ihn über die Geister. Geh näher und näher heran … und beobachte, wie sie sich erheben!

Damit es noch unheimlicher aussieht, kannst du aus Pappe ein paar Grabsteine oder sogar ein Spukschloss basteln. Mache das Licht aus und spiele gruselige Musik. Oder du zeigst deinen Zuschauern einfach den Kamm und erklärst ihnen, was man damit macht. Da fangen sicher einige an zu schreien!

* Ehrlich gesagt, wir bewegen nur ein paar Stückchen Seidenpapier. Aber das klingt nicht unheimlich, also sage lieber nichts und lache weiter.

Für noch mehr Chaos:

Bastele deine Geister aus verschiedenen Papiersorten – mit welcher funktioniert es am besten? Macht es einen Unterschied, wenn du den Ballon länger über deine Haare oder den Pullover reibst? Wie lange brauchst du, um deine Haare zu kämmen – und bist du hinterher noch zu erkennen?

Für Besserwisser:

Wenn du den Ballon über deine Haare reibst, sammeln sich unsichtbare **Elektronen** (winzige Teilchen mit negativer **Ladung**) auf der **Oberfläche** des Ballons. Diese Elektronen haben die **Kraft**, sehr leichte Objekte (mit positiver Ladung) anzuziehen – zum Beispiel die Seidenpapiergeister.

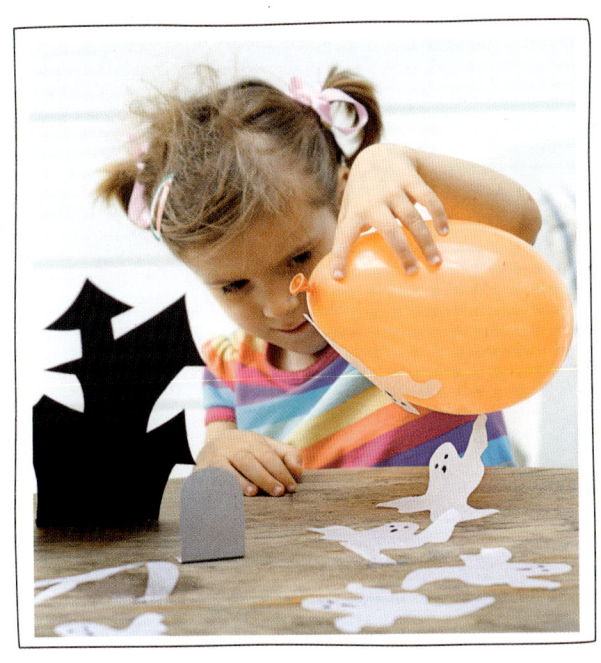

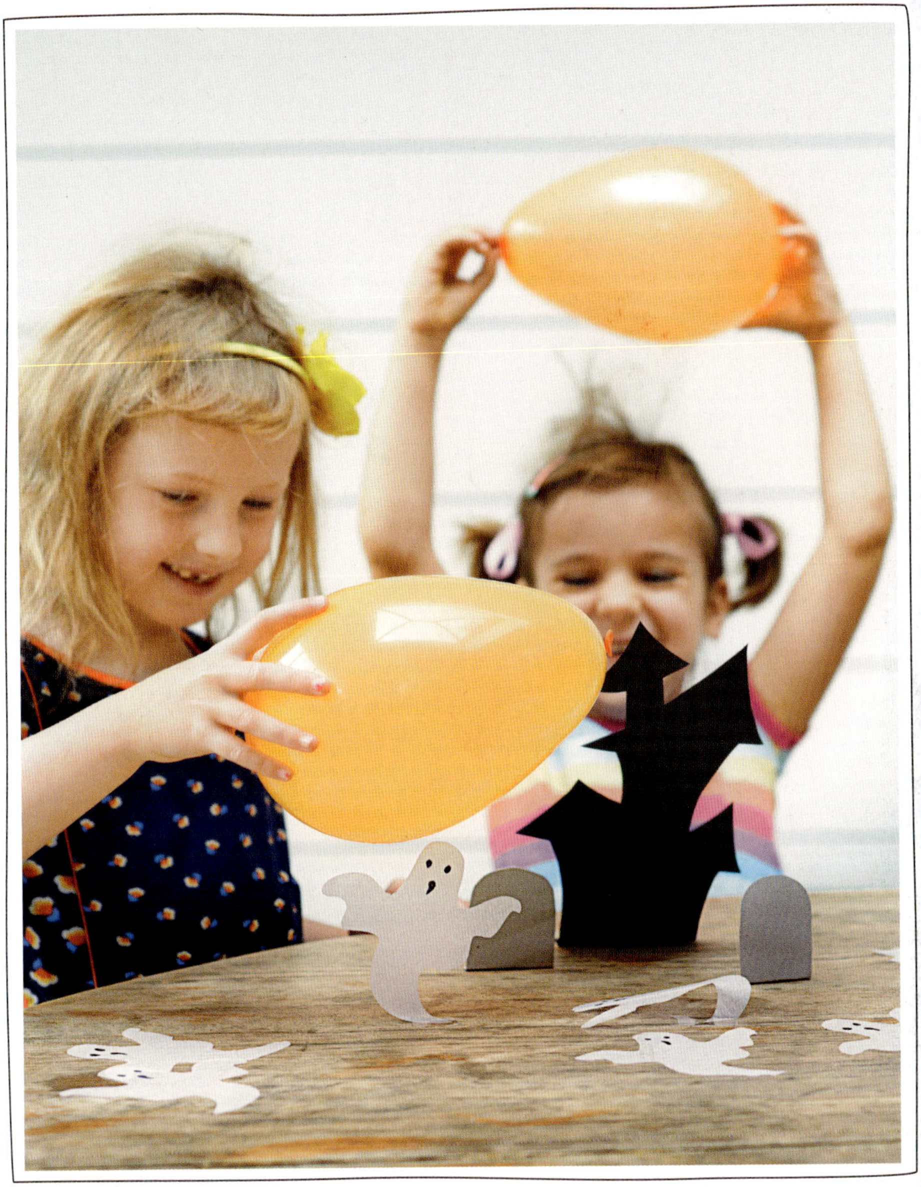

DU BRAUCHST: SEIDENPAPIER, SCHERE, SCHWARZEN FILZSTIFT, KLEBEBAND, LUFTBALLON, PLASTIKLINEAL ODER KAMM, DEINE HAARE ODER PULLOVER

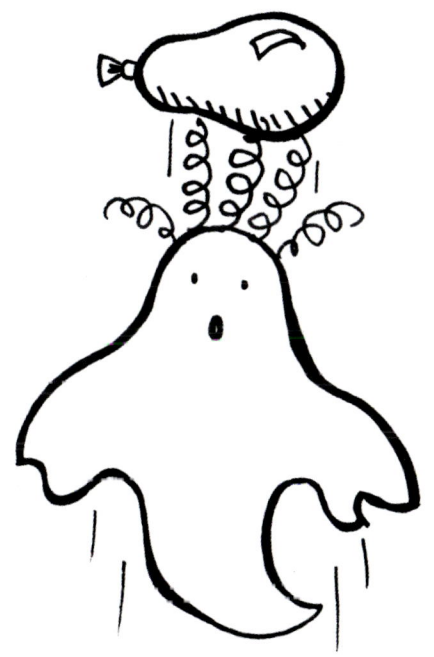

Samenkarten basteln

Samen schlafen tief – sogar tiefer als du, wenn du morgens zur Schule musst. Tatsächlich wachen sie nicht einmal auf, wenn man ihnen die Decke wegzieht und „DU KOMMST ZU SPÄT!" brüllt – oder wenn man sie auf eine Karte klebt. Was praktisch ist, denn genau das haben wir vor.

Als Erstes malst du eine einfache Form auf ein helles A5-Tonpapier und schneidest sie sorgfältig aus. Einen dunkleren A4-Tonkarton faltest du in der Mitte und klebst die helle Form auf die Vorderseite.

Auf die Innenseite der Karte schreibst du deine Nachricht. Füge etwa folgende Anleitung hinzu: „Diese Karte kannst du zum Wachsen bringen. Kein Witz! Lege sie hin, gib etwas Wasser darauf und halte sie feucht. In ein paar Tagen werden kleine Blätter erscheinen, die du sogar essen kannst."

In einem Schälchen mischst du einen Esslöffel Mehl und einen Esslöffel Zucker mit etwas Wasser zu einer glatten Paste. Klammere die Karte mit ein paar Büroklammern zusammen, damit sie flach liegen bleibt, dann trägst du die Paste mit einem Pinsel auf deine Form auf. Streue dann die Samen wie Glitzerstaub darüber, sodass sie in der Paste festkleben.

Wenn die Karte getrocknet ist, schüttelst du die überschüssigen Samen ab, entfernst die Büroklammern und steckst die Karte in einen Umschlag. Hab keine Angst, die Samen zu wecken! Du musst nicht einmal flüstern, denn sie wachen nur auf, wenn sie mit etwas Wasser besprüht werden. Vielleicht klappt das auch mit dir, wenn du morgens aufstehen sollst? Einen Versuch wäre es wert.

Für noch mehr Chaos:

Bastele Karten mit verschiedenen **Samen** – wie lange brauchen sie, um zu keimen? Macht es einen Unterschied, ob die Karte im **Licht** oder im Dunkeln liegt? Was passiert, wenn du Saft statt Wasser nimmst? Wenn du die Samen komplett mit Wasser bedeckst oder sie in den Kühlschrank stellst?

Für Besserwisser:

Samen sind sehr trocken und brauchen Wasser, um zu keimen. Da die Mehlpaste sehr schnell trocknet, können die Samen nicht genug Wasser daraus aufnehmen (**absorbieren**), um die **Keimung** zu starten. Wenn du die Karte aber längere Zeit feucht hältst, absorbieren sie mehr Wasser und fangen an zu wachsen.

DU BRAUCHST: BLEISTIFT ODER ANDEREN STIFT, FARBIGEN TONKARTON IN A4 UND A5, SCHERE, KLEBER, PLASTIKSCHÜSSEL, ESSLÖFFEL, MEHL, ZUCKER, WASSER, BÜROKLAMMERN, PINSEL, SAMEN (ZUM BEISPIEL SENF, KRESSE, RADIESCHEN, DILL, BASILIKUM), UMSCHLAG IN A5

Sandburgen-Stadt bauen

Du bist mit Eimer und Schaufel am Strand. Was machst du? Wenn du jetzt sagst, „Eine Sandburg bauen", bin ich *sehr* enttäuscht! Schließlich hast du eine Vision, du hast Ehrgeiz und du hast jede Menge Sand zur Verfügung.

Eine ganze Stadt aus Sandburgen? Das klingt schon besser. Große Pläne sind immer gut!

Zuerst musst du dir die richtige Stelle suchen. Geh nicht zu weit vom Wasser weg – der Sand sollte feucht sein. Schließlich brauchst du guten Zugang zu den perfekten Baumaterialien.

Markiere jetzt den Umkreis für deine Stadt und mache ihn ruhig richtig groß. Wenn ihr zu mehreren seid, plant die Stadt so groß, dass jeder in Ruhe arbeiten kann, ohne aus Versehen die genialen Bauwerke der anderen zu zerstören. Schließlich wollen wir keinen Sandburgen-Bürgerkrieg!

Als besonderer Schutz für die Stadtbewohner bietet sich ein breiter Burggraben rund um die Stadt an. Der feuchte Sand, der dabei ausgegraben wird, lässt sich perfekt für Hügel und Stadtmauern innerhalb des Grabens nutzen.

Nun lass deiner künstlerischen Fantasie freien Lauf. Du könntest zum Beispiel felsige Klippen hinzufügen, indem du sehr nassen Sand durch die Hand tropfen lässt. Oder du sammelst verschiedene Muscheln, Steine und Algen für Landschaften, Straßen und Verzierungen. Ach ja, Burgen kannst du natürlich auch bauen.

Für noch mehr Chaos:

Wenn du sehr nah am Wasser bist, kannst du einen Tunnel bis zum Meer graben. Wenn dein Tunnel und der Burggraben tief genug sind, werden sie sich mit Wasser füllen, wenn die Flut kommt. Ist der Wasserstand sehr hoch, werden sich Burggraben und Seen sogar schon beim Buddeln füllen.

Für Besserwisser:

Trockene Sandkörner bewegen sich leicht aneinander vorbei. Wenn du aber Wasser dazugibst, umschließt es die einzelnen Körnchen, und die **Oberflächenspannung** lässt die Sandkörner zusammenkleben. So lassen sich Bauwerke wie Sandburgen errichten. Wenn du zu viel Wasser hinzufügst, wird der Sand gesättigt (er enthält so viel Wasser, wie er halten kann). Noch mehr Wasser führt dazu, dass die Sandkörner nicht mehr zusammenhalten und die Bauwerke zusammenbrechen.

DU BRAUCHST:
EIMER, SCHAUFELN,
SAND, EHRGEIZ

Eisschale gefrieren

Eis ist erstaunlich gut geeignet, um Dinge zu konservieren. Nein, ich rede ausnahmsweise nicht von Eiscreme. Wenn etwas völlig von Eis umgeben ist, bleibt es erhalten – ob Blätter, Früchte, Blüten oder Wollmammuts. Das ist gut, denn diese Dinge sehen toll in einer Eisschale aus (na gut, das Wollmammut vielleicht nicht).

Zuerst füllst du etwas Wasser in die große Schüssel (es sollte etwa 5 cm hoch stehen) und stellst sie für ein paar Stunden ins Gefrierfach. Falls sie nicht hineinpasst, muss du vielleicht etwas von der Eiscreme essen … nur um Platz zu schaffen natürlich.

Wenn das Wasser gefroren ist, nimmst du die Schüssel heraus. Befeuchte deine Blüten und Blätter, dann klebst du sie innen an den Rand der Schüssel. Stelle dann die zweite Schüssel in die erste und beschwere sie mit ein paar großen Steinen.

Nun klebst du vier Klumpen Knetkleber in gleichmäßigen Abständen oben am Rand zwischen die beiden Schüsseln, damit diese sich nicht berühren. Nimm nun ein Stück Mullbinde (oder alte Strumpfhose), und binde es um die Schüssel. Wiederhole das mit einer zweiten Mullbinde im rechten Winkel zur ersten, um die Schüsseln zu fixieren (siehe Zeichnung).

Am Schluss gießt du vorsichtig Wasser in den Spalt zwischen den beiden Schüsseln bis fast zum Rand. Dann stellst du deine zukünftige Eisschale über Nacht ins Gefrierfach.

Am nächsten Tag kannst du sie herausholen. Lass sie kurz stehen, bis sich die beiden Schüsseln voneinander lösen lassen. Dann entknotest du die Mullbinden, entfernst die Steine und nimmst die beiden Schüsseln ab. Es erscheint eine wunderschöne Eisschale, in der sich zum Beispiel Obst servieren lässt – oder jede Menge Eiscreme.

Die Eisschale mit den Blüten und Blättern hält sich, bis du sie brauchst – wickele einfach Klarsichtfolie darum und stelle sie ins Gefrierfach. Ach, du musst noch mehr Eis essen, sonst passt sie nicht hinein? Na, dann los!

Für noch mehr Chaos:

Mache größere und kleinere Eisschalen – welche hält sich am längsten? Was passiert, wenn deine Eisschale dünnere Wände hat?

 Für Besserwisser:

Dinge **zersetzen** sich, weil **Bakterien** (winzige Lebewesen, die ohne **Mikroskop** nicht sichtbar sind) sie auflösen, um sich davon zu ernähren. Wenn etwas in **Eis** eingeschlossen ist, wird es vor den Bakterien geschützt, denn bei sehr geringen Temperaturen können sie nicht arbeiten. So verrotten die Blumen und Blätter nicht und bleiben lange frisch und schön.

DU BRAUCHST: ZWEI SCHÜSSELN (EINE ETWAS KLEINER ALS DIE ANDERE), WASSER, BLÜTEN UND/ODER BLÄTTER, STEINE ODER ANDERE GEWICHTE, KNETKLEBER, MULLBINDEN ODER ALTE STRUMPFHOSE, GEFRIERFACH

So machst du die Eisschale

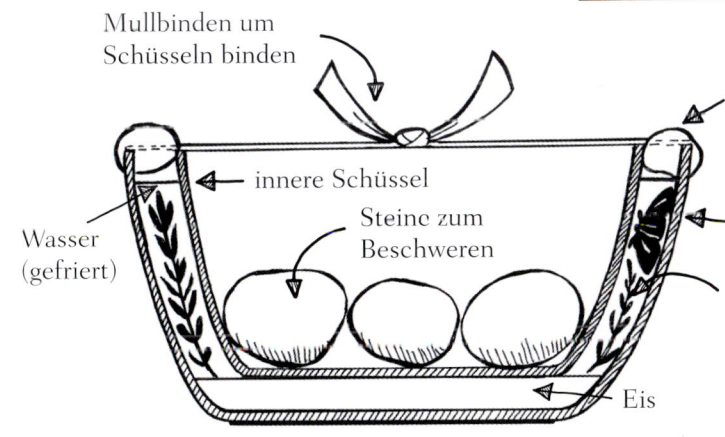

Mullbinden um Schüsseln binden

innere Schüssel

Wasser (gefriert)

Steine zum Beschweren

Eis

Knetkleber zwischen die Schüsseln kleben

äußere Schüssel

Blüten und/ oder Blätter

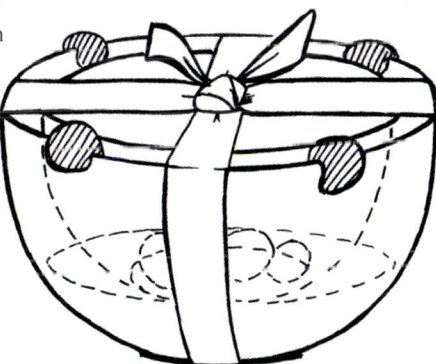

Zitronenmousse steif schlagen

Genau, du hast ganz richtig gelesen. *Zitronenmousse.*

Was soll das heißen, „Wo bleibt die Schokolade?" Man kann Mousse auch ohne Schokolade machen. Doch, doch, das geht.

Zuerst musst du das Ei trennen. Schlage es vorsichtig an den Rand einer Schüssel, bis es einen Sprung bekommt. Drücke deine Daumen in den Sprung und öffne die Schale. Dann kippst du das Eigelb mehrmals von einer Schale in die andere, während das Eiweiß in die darunter liegende Schüssel läuft. Wenn das Ei getrennt ist, gib das Eigelb in eine andere Schüssel und füge den Zucker hinzu.

Schlage das Eiweiß mit dem Schneebesen (oder einem Handrührer), bis du nach ein paar Minuten eine erstaunliche Veränderung siehst: Das **transparente**, flüssige Eiweiß ist viel mehr geworden, außerdem schaumig und weiß! Tada!

Nimm noch eine dritte Schale und kippe die Sahne hinein. Schlage sie ebenfalls, bis die weiße **Flüssigkeit** ein fester weißer Schaum geworden ist. Tada!

So, fertig mit dem Tada – es gibt noch mehr Arbeit.

Lege das Blatt Gelatine in die flache Schüssel, bedecke es mit kaltem Wasser und warte, bis es weich geworden ist. Dann nimmst du es heraus, kippst das Wasser weg und legst die Gelatine wieder in die Schüssel. Bitte einen Erwachsenen, etwas heißes Wasser in die Schüssel zu gießen, sodass die Gelatine gerade bedeckt ist. Rühre vorsichtig um, bis sich das Gelatineblatt aufgelöst hat. Füge das Eigelb mit dem Zucker hinzu und verrühre alles gut.

Die Zitronenschale sorgfältig reiben und dann die Zitrone auspressen. Die Schale und den Saft zu dem Eigelb-Mix geben und verrühren. Zum Schluss vorsichtig die geschlagene Sahne und das Eiweiß unterheben, bis alles eine glatte Mousse ergibt. Dazu nimmst du am besten die Seite eines großen Löffels oder einen Spatel, um die Masse immer wieder sanft umzuwenden. Dann füllst du die Mousse in eine Servierschüssel, bedeckst sie mit Klarsichtfolie und lässt sie für 1–2 Stunden im Kühlschrank stehen.

Zum Servieren kannst du sie noch dekorieren. Stimmt, Schokoraspel sind dafür *perfekt* geeignet.

Für noch mehr Chaos:

Ja doch, du kannst auch Schokomousse machen! Weil die Schokolade süß ist, brauchst du dafür keinen Zucker. Und da sie nicht so flüssig ist wie Zitronensaft, geht es auch ohne Gelatine. Du musst nur (mit der Hilfe eines Erwachsenen) 50 g Blockschokolade im Wasserbad schmelzen, mit dem Eigelb verrühren und das geschlagene Eiweiß unterheben. Mit Klarsichtfolie abdecken und in den Kühlschrank stellen.

DU BRAUCHST: 1 FRISCHES EI, 65 G ZUCKER, 4 SCHÜSSELN (EINE DAVON MUSS EINEN FLACHEN BODEN HABEN), SCHNEEBESEN, 75 ML SAHNE, 1 BLATT GELATINE, WASSER (HEISSES UND KALTES), 1 ZITRONE, REIBE, LÖFFEL ODER SPATEL, SCHALE ZUM SERVIEREN, KLARSICHTFOLIE, EVTL. DEKORATION

 **Für Besserwisser:**

Durch das Schlagen entstehen Luftblasen. In der Sahne werden diese Luftblasen von den Fett**molekülen** gehalten, wodurch die Sahne schaumig wird. Beim Eiweiß werden die Proteine durch das Schlagen in ihrer Struktur verändert, sodass sie die Luftbläschen umgeben und festhalten. So wird das flüssige Eiweiß zu festem weißem Eischnee.

Tipp: Du kannst die Zitronenmousse zum Servieren auch in mehrere kleine Schüsseln füllen.

DU BRAUCHST: KÜCHENROLLE, SCHERE, KLEINE TASSE ODER BECHER, SCHWARZES TONPAPIER, BLEISTIFT, ISOLIERBAND, ALTE CD, KNETKLEBER, EVTL. WINKELMESSER ODER GEODREIECK

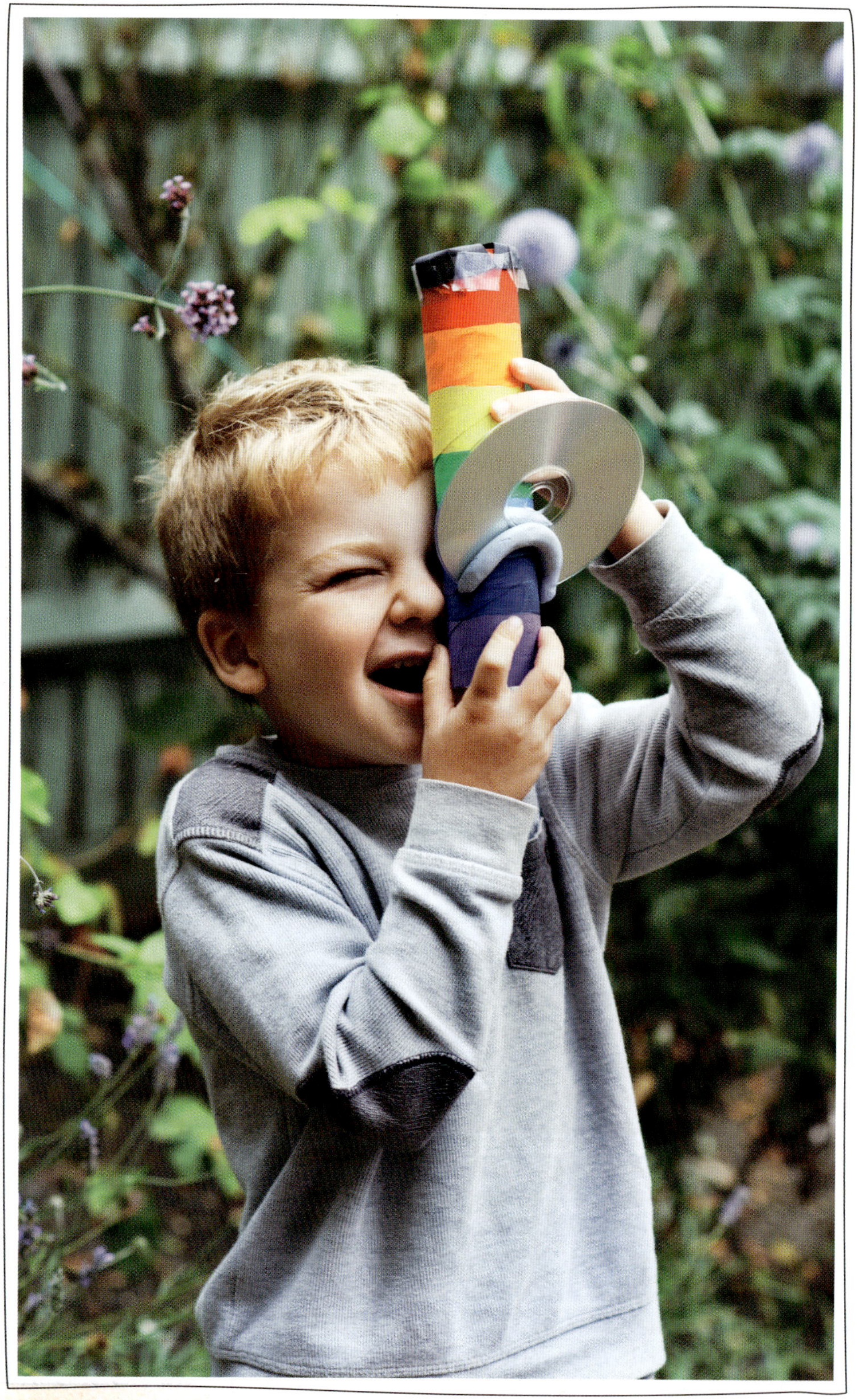

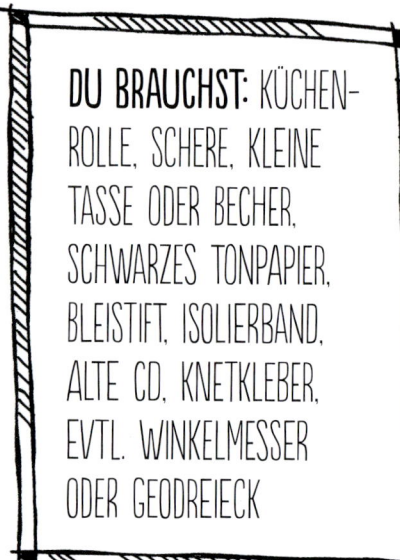

So baust du das Spektroskop

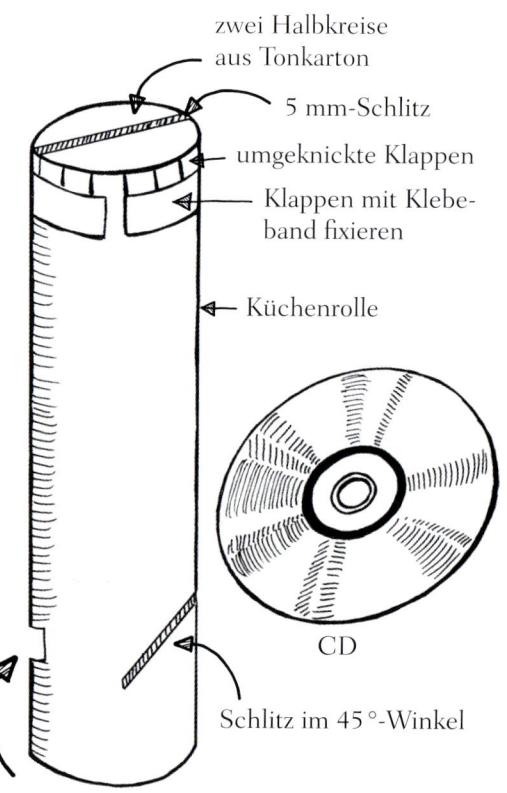

zwei Halbkreise aus Tonkarton
5 mm-Schlitz
umgeknickte Klappen
Klappen mit Klebeband fixieren
Küchenrolle
CD
Schlitz im 45°-Winkel
Guckloch

Regenbogen beobachten

Glaub es oder nicht, in einer Küchenrolle kannst du tolle Regenbogen sehen. Du bist nicht überzeugt? Schnapp dir eine alte CD, die niemand mehr braucht, dann werde ich es dir beweisen.

Nimm zuerst die Küchenrolle und drücke sie etwas flach, damit du am unteren Ende einen Schlitz hineinschneiden kannst. Der Schlitz sollte halb durch die Rolle gehen und etwa 45° betragen (du kannst es mit einem Winkelmesser oder Geodreieck nachprüfen). Auf der gegenüberliegenden Seite der Rolle schneidest du ein quadratisches Guckloch mit 1–2 cm Seitenlänge. Dann drückst du die Rolle wieder in ihre Form zurück (siehe Zeichnung).

Suche dir eine Tasse oder einen Becher, dessen **Durchmesser** etwas größer ist als der der Küchenrolle. Lege ihn als Schablone auf schwarzes Tonpapier und schneide einen Kreis aus. Stelle die Küchenrolle auf den Kreis und umfahre sie mit einem spitzen Bleistift. Dann den Kreis in der Mitte falten und durchschneiden, sodass du nun zwei Halbkreise hast. In den Rand bis zur inneren Linie Schlitze schneiden. Lege nun die beiden Halbkreise auf die Küchenrolle, sodass zwischen ihnen ein schmaler Schlitz von etwa 5 mm bleibt. Die Ränder umklappen und mit Isolierband festkleben.

Stecke die alte CD mit der glänzenden Seite nach oben in den 45°-Schlitz, den du am Anfang geschnitten hast. Forme zwei lange Würste aus Knetkleber und drücke sie oben und unten zwischen Papprolle und CD, sodass kein **Licht** mehr hindurchscheint.

Nimm nun deine Röhre mit nach draußen. Wenn das Licht von oben durch den Schlitz fällt, kannst du durch das Guckloch das **Spektrum** der Regenbogenfarben auf der **Oberfläche** der CD sehen. Du hast einen Regenbogen zum Mitnehmen gebastelt, oder genauer gesagt ein **Spektroskop**! Ist es nicht toll, was man aus einer öden Küchenrolle machen kann?

Für noch mehr Chaos:

Sieh dir andere Lichtquellen durch das Spektroskop an – verschiedene Glühbirnen oder sogar Feuer (dazu brauchst du einen Erwachsenen). Wie unterscheiden sie sich?

 Für Besserwisser:

Ein **Spektroskop** ist ein Instrument, das **Licht** in seine unterschiedlichen Wellenlängen zerlegt, die wir als verschiedene Farben wahrnehmen. Die **Oberfläche** der CD besitzt spiralförmig verlaufende Rillen. Diese **brechen** das **Licht**, sodass es in die verschiedenen Farben aufgespalten wird. Weil die Oberfläche außerdem wie ein Spiegel wirkt, wird das Licht **reflektiert**, und du kannst es sehen.

Blubber-Kunst erschaffen

Ja, jetzt darfst du nach Herzenslust mit dem Strohhalm blubbern, ohne dass die Erwachsenen mit dir schimpfen!

Nebenbei erschaffst du tolle Kunstwerke und kannst gleichzeitig etwas lernen. Aber HAUPTSÄCHLICH GEHT ES UMS BLUBBERN!

Zuerst musst du allerdings den Tisch mit einer abwischbaren Wachsdecke oder alten Zeitungen abdecken. Ja genau, es gibt eine Sauerei. Das wird immer besser, oder?

Dann mischst du deinen Blubbermix. Dazu in eine kleine Schüssel oder eine Tasse zwei Esslöffel Farbe, einen Esslöffel Wasser und zwei großzügige Spritzer Spülmittel geben. Alles mit einem Löffel verrühren und den Strohhalm hineintauchen. Nun darfst du pusten – erst mal vorsichtig, bis sich Blasen bilden. Sind sie zu wässrig, gibst du noch mehr Farbe hinzu. Platzen sie zu schnell, gib noch einen Schuss Spülmittel hinein. Und wenn es nicht genug Blasen sind, brauchst du etwas mehr Wasser.

Wenn die Blasen den Rand deiner Schüssel erreicht haben, kannst du einen Abdruck von dem Geblubber machen, indem du ein Blatt Papier oder ein Stück Pappe darüberlegst, es wieder wegnimmst und trocknen lässt. Das Papier ist ein Kunstwerk für sich, kann aber auch als Geschenkpapier, Geschenkanhänger oder Hintergrund für ein anderes Bild dienen. Du könntest auch Blüten aus dem Blubbermuster ausschneiden – oder Haare oder Tiere oder sogar Blasen.

Für noch mehr Chaos:

Probiere verschiedene Gefäße für deinen Blubbermix aus – welches funktioniert am besten? Macht es etwas aus, ob du dickere oder dünnere Strohhalme verwendest? Finde das beste Rezept für den Blubbermix. Und: Wenn du in einem Glas Milch Blasen machst, wie lange dauert es, bis ein Erwachsener kommt und schimpft?

Für Besserwisser:

Wenn du durch den Strohhalm Luft in das Wasser pustest, wird diese von dem Seifenfilm festgehalten und bildet Blasen. Die Außen- und Innenseite der Blasen bestehen aus einer Schicht aus Seifen**molekülen** mit einer dünnen Schicht Wasser dazwischen. Da die Farbmoleküle mit den Wassermolekülen vermischt sind, hinterlassen sie beim Platzen der Blasen einen Abdruck auf dem Papier.

Tipp: Achtung, nicht saugen!

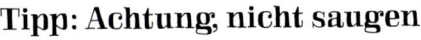

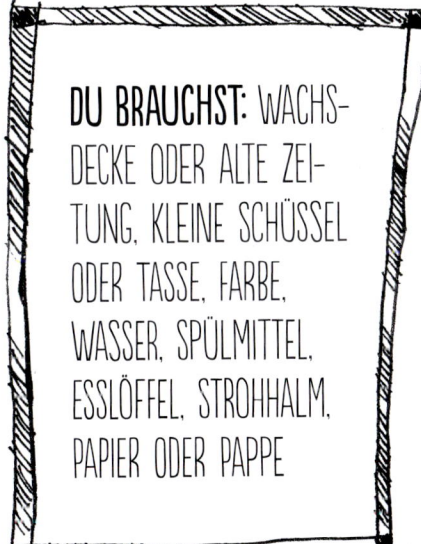

DU BRAUCHST: WACHS-DECKE ODER ALTE ZEITUNG, KLEINE SCHÜSSEL ODER TASSE, FARBE, WASSER, SPÜLMITTEL, ESSLÖFFEL, STROHHALM, PAPIER ODER PAPPE

Sternbilder-Nachtlicht basteln

Wäre es nicht schön, unter dem Sternenhimmel einzuschlafen? Allerdings auch ziemlich kalt. Bleib lieber in deinem warmen weichen Bett und hol dir die Sterne nach drinnen.

Damit will ich natürlich nicht sagen, du sollst riesige leuchtende **Gas**körper in dein Zimmer bringen. Ganz so dumm bin ich nicht. Aber du könntest deine Lieblings-Sternbilder nachmachen – in einem Glas.

Nimm zuerst das schwarze Tonpapier, rolle es zusammen und stecke es in das Glas. Mit Bleistift markierst du die Stellen, wo das Papier aus dem Glas ragt und wo es sich überlappt. Nimm es heraus und zieh an diesen Stellen Linien mit dem Lineal. Schneide nun das Papier so zu, dass es genau in das Glas passt und sich nur um 1–2 cm überlappt. Stecke es wieder ins Glas und überprüfe noch einmal, ob es passt.

Suche dir eine Sternenkarte oder benutze die Zeichnungen auf der rechten Seite. Übertrage deine ausgewählten Sternbilder (Gruppen von Sternen) mit Bleistift auf das Transparentpapier. Lege dieses auf das schwarze Papier und übertrage die Markierungen, indem du von oben über die Stellen reibst oder malst.

Wenn du mit deinem Muster zufrieden bist, stich Löcher an den markierten Stellen in das Papier, indem du mit einem spitzen Stift durch das Papier in einen Klumpen Knetkleber bohrst.

Wenn deine Sternkarte fertig ist, rolle sie wieder auf und stecke sie in das Glas (siehe Zeichnung). Dann stellst du noch eine Mini-Taschenlampe oder ein LED-Teelicht hinein, schließt den Glasdeckel und verdunkelst den Raum. Wie durch Zauberei werden die Sternbilder in deinem Zimmer erscheinen und du kannst dich astronomisch gebildet fühlen – und gleichzeitig gemütlich und warm.

Für noch mehr Chaos:

Bastele weitere Sternkarten für die verschiedenen Sternbilder. Du kannst die Löcher für die Sternbilder mit einem größeren Stift stechen und zusätzlich mit einer Nadel kleine Löcher für andere Sterne hinzufügen, dann sieht es noch echter aus.

 Für Besserwisser:

Alle Sterne, die du am Himmel siehst, sind leuchtende, glühende **Gas**körper. Der Stern, der der Erde am nächsten ist, ist die Sonne. Beobachte die verschiedenen Sternbilder am Nachthimmel – sie erscheinen im Jahreslauf an unterschiedlichen Stellen, weil die Erde um die Sonne kreist.

Einige bekannte Sternbilder

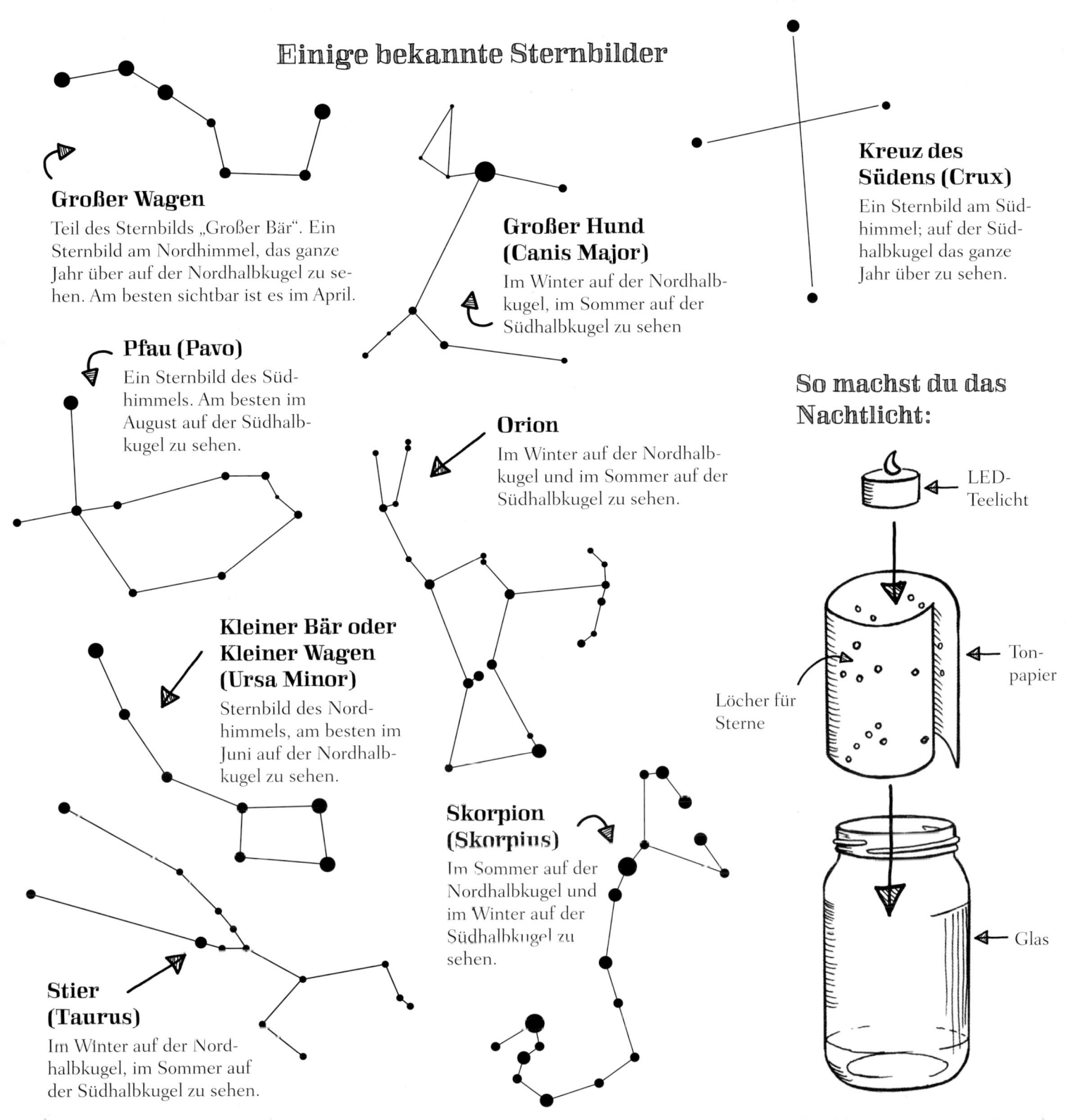

Großer Wagen

Teil des Sternbilds „Großer Bär". Ein Sternbild am Nordhimmel, das ganze Jahr über auf der Nordhalbkugel zu sehen. Am besten sichtbar ist es im April.

Pfau (Pavo)

Ein Sternbild des Südhimmels. Am besten im August auf der Südhalbkugel zu sehen.

Kleiner Bär oder Kleiner Wagen (Ursa Minor)

Sternbild des Nordhimmels, am besten im Juni auf der Nordhalbkugel zu sehen.

Stier (Taurus)

Im Winter auf der Nordhalbkugel, im Sommer auf der Südhalbkugel zu sehen.

Großer Hund (Canis Major)

Im Winter auf der Nordhalbkugel, im Sommer auf der Südhalbkugel zu sehen

Orion

Im Winter auf der Nordhalbkugel und im Sommer auf der Südhalbkugel zu sehen.

Skorpion (Skorpius)

Im Sommer auf der Nordhalbkugel und im Winter auf der Südhalbkugel zu sehen.

Kreuz des Südens (Crux)

Ein Sternbild am Südhimmel; auf der Südhalbkugel das ganze Jahr über zu sehen.

So machst du das Nachtlicht:

LED-Teelicht

Tonpapier

Löcher für Sterne

Glas

Im Kühlschrank
wird dein Dufterfrischer
schneller fest.

Gel-tastischer Lufterfrischer

Ehrlich gesagt gibt es viele Gelegenheiten, in denen du einen Lufterfrischer brauchen könntest: wenn dein Papa eine halbe Stunde auf der Toilette war, wenn der Hund sich in etwas Ekligem gewälzt hat … und eigentlich immer, wenn dein Bruder den Raum betritt.

Zum Glück ist es ganz einfach, einen Lufterfrischer zu machen. Und das Beste: Er hält länger als die scheußlichen Gerüche. Außer dem deines Bruders, denn der riecht immer so.

Zuerst bittest du einen Erwachsenen, 150 ml kochendes Wasser in den Messbecher zu schütten. In der Zeit legst du die Gelatineblätter kurz in kaltes Wasser, bis sie weich sind. Drücke sie aus, lege sie vorsichtig in das heiße Wasser und rühre, bis sie sich aufgelöst haben.

Fülle nun noch 150 ml kaltes Wasser in den Messbecher und gib 10–15 Tropfen ätherisches Öl dazu. Mische noch einige Tropfen Lebensmittelfarbe hinzu, bis deine Mischung gut aussieht. Zum Schluss muss noch ein Esslöffel Salz hinein, damit nichts schimmelt – denn ein schimmeliger Lufterfrischer ist fast so schlimm wie ein müffelnder Bruder.

Nun die Mischung in kleine Gläser füllen und fest werden lassen. Dann kannst du deine Lufterfrischer im Haus verteilen – oder immer dahin stellen, wo dein Bruder gerade ist.

Für noch mehr Chaos:

Versuche es mit mehr oder weniger Gelatine – was passiert? Rühre verschiedene Mischungen mit verschiedenen ätherischen Ölen zusammen – welcher Duft überdeckt den Geruch deines Bruders am besten?

Für Besserwisser:

Diese Lufterfrischer können lange Zeit gut duften, denn Gelatine ist ein **Polymer** – das heißt, sie besteht aus langen miteinander verschlungenen **Molekül**-Ketten. Diese halten die duftenden Öl**partikel** fest. Wenn das Gel **verdunstet**, werden die Ölpartikel frei, was für einen lange anhaltenden Duft sorgt.

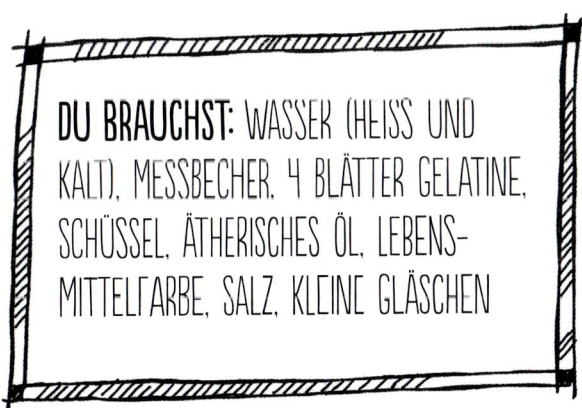

DU BRAUCHST: WASSER (HEISS UND KALT), MESSBECHER, 4 BLÄTTER GELATINE, SCHÜSSEL, ÄTHERISCHES ÖL, LEBENSMITTELFARBE, SALZ, KLEINE GLÄSCHEN

Erbsen-schösslinge züchten

DU BRAUCHST: GLAS, SERVIETTE ODER KÜCHENPAPIER, WASSER, GIESSKANNE, ERBSENSAMEN ODER GETROCKNETE ERBSEN, SCHERE

Damit eins klar ist: Wir reden hier über Erbsenschösslinge, nicht über Erbsengeschosse! Das erste sind leckere und schnell zu züchtende Pflanzen, beim zweiten handelt es sich darum, Erbsen auf ahnungslose Opfer zu schießen. Das solltest du nicht verwechseln.

Zuerst stopfst du dein Glas mit Küchenpapier oder Servietten voll. Gieße dann ein bisschen Wasser hinein und warte, bis alles aufgesogen ist. Das Papier muss überall feucht sein – wenn du nach ein paar Sekunden noch trockene Stellen siehst, gieße noch etwas mehr Wasser ins Glas.

Nimm eine getrocknete Erbse (eine, die du nicht als Erbsengeschoss verschossen hast) und drücke sie am Rand ins Glas, sodass sie von außen sichtbar ist. Ein paar Zentimeter weiter platzierst du noch eine Erbse und so weiter um das Glas herum. Nun stelle das Ganze auf ein sonniges Fensterbrett und lass das Wasser seine Arbeit tun.

In den nächsten Tagen wird die Erbse Wasser aus der nassen Serviette aufnehmen und dabei dicker werden, bis schließlich eine Wurzel erscheint, gefolgt von einem grünen Keimling, der nach oben wächst. Achte darauf, die Serviette immer feucht zu halten, damit die Erbse nicht austrocknet.

Wenn der Schössling ungefähr 15–20 cm groß ist, kannst du ernten. Nimm eine saubere Bastelschere und schneide die Pflanze ungefähr 2–3 cm über dem Rand des Glases ab. Du kannst den Erbsenschössling roh essen, ihn in den Salat oder in die Gemüsepfanne werfen. Ich bin sicher, das wird viel besser ankommen, als wenn du mit den Erbsen auf deine kleine Schwester schießt.

Für noch mehr Chaos:

Wenn du jeden Tag eine trockene Erbse „einpflanzt", kannst du vielleicht den gesamten Keimungsprozess in einem Glas beobachten. Was passiert, wenn du das Glas in den Schrank stellst statt auf ein sonniges Fensterbrett? Klappt das Ganze auch ohne Wasser?

Für Besserwisser:

Die trockene Erbse ist der **Samen** der Erbsenpflanze. Sie braucht Wasser, um den Wachstumsprozess zu starten (**Keimung**). Wenn sie durch ein winziges Loch (**Mikropyle**) Wasser aufsaugt, kann bald die erste Wurzel (**Radikula**) sprießen und in der Folge die Sprossknospe (**Plumula**).

Sanduhr bauen

Eltern haben eine komische Zeitvorstellung. Wenn du sie fragst, wann sie dich endlich zu deiner Freundin fahren, dir den heißen Kakao machen, den sie versprochen haben, oder bei den Hausaufgaben helfen, sagen sie fast immer: „In ein paar Minuten." Aber es sind nie nur ein paar Minuten – das kannst du jetzt beweisen.

Für diese Sanduhr, mit der du deine Eltern kontrollieren kannst, brauchst du zwei kleine Plastikflaschen. Sie müssen genau gleich groß sein. Achte außerdem darauf, dass sie sauber und völlig trocken sind. Wenn noch Feuchtigkeit in den Flaschen ist, wird die Sanduhr nicht richtig funktionieren.

Zuerst den Deckel einer Flasche entfernen, den Umriss der Flaschenöffnung auf Pappe übertragen und ausschneiden. Auf ein Stück Knetkleber legen und mit einem spitzen Bleistift ein Loch in die Mitte stechen. Die Größe des Loches hängt davon ab, wie weit du den Bleistift hineinstichst. Am besten fängst du klein an – du kannst das Loch später immer noch erweitern. Dann nimmst du dir ein paar Stücke Abklebeband und klebst den Pappkreis auf die Flaschenöffnung.

Miss eine bestimmte Menge Sand ab (zum Beispiel 50 ml) und fülle ihn mithilfe eines Trichters in die noch offene Flasche. Lege beide Flaschen auf die Seite, sodass sich die Öffnungen berühren, und klebe sie mit noch mehr Abklebeband zusammen.

Stelle eine Stoppuhr oder miss die Zeit mit einer Uhr mit Sekundenzeiger. Stelle die Flaschen aufrecht hin – der ganze Sand muss in der oberen Flasche sein. Wenn der Sand in die untere Flasche gerieselt ist, stopp die Uhr und sieh nach, wie viele Minuten vergangen sind.

Hat das Ganze nur etwa eine Minute gedauert, musst du die Flaschen vorsichtig wieder voneinander lösen und weitere 50 ml Sand einfüllen. Wenn es fast zwei Minuten waren, füge nur ganz wenig Sand hinzu. Und wenn es viel zu lange gedauert hat, nimm einen Bleistift und mache das Loch in der Pappscheibe etwas größer. Klebe nun die Flaschen wieder zusammen und miss noch einmal die Zeit. Probiere so lange herum, bis die Sanduhr genau zwei Minuten misst. Dann hast du eine gute Hilfe, um deine Eltern auf Trab zu halten.

Für noch mehr Chaos:

Bastele verschiedene Sanduhren mit Löchern in unterschiedlichen **Durchmessern**, die verschiedene Zeiten stoppen.

 ## Für Besserwisser:

Sanduhren können zuverlässig die Zeit messen, da Sand aus kleinen runden **Partikeln** von etwa derselben Größe besteht. Die Geschwindigkeit, mit der sie sich aneinander vorbeibewegen, bleibt gleich. Die Fließgeschwindigkeit in deiner Sanduhr kann jedoch durch die Änderung des Loch**durchmessers** zwischen den Flaschen verändert werden.

DU BRAUCHST:
2 KLEINE PLASTIKFLASCHEN, PAPPE, BLEISTIFT, SCHERE, KNETKLEBER, ABKLEBEBAND, MESSBECHER, FEINEN SAUBEREN SAND (ODER KOCHSALZ), TRICHTER, STOPPUHR ODER NORMALE UHR

Flüssigen Regenbogen erschaffen

Regenbogen sind großartig, aber etwas unzuverlässig. Falls du immer einen zur Hand haben magst, mache dir deinen eigenen Regenbogen im Glas.

Zuerst musst du das Volumen deines Glases bestimmen. Fülle dazu das Glas mit Wasser und gieße dieses in einen Messbecher. Nun rechnest du aus, wie viel du jeweils brauchst, wenn du das Glas mit fünf verschiedenen Lagen füllen willst. Wenn zum Beispiel 250 ml in dein Glas passen, brauchst du 5 x 50 ml, um es zu füllen.

Gieße zunächst die entsprechende Menge Sirup in den Messbecher, gib jeweils ein paar Tropfen rote und blaue Lebensmittelfarbe hinzu und verrühre alles mit einem Löffel. Die Mischung soll lila werden – wenn sie zu rot ist, gib etwas Blau dazu, wenn sie zu blau ist, nimm etwas mehr Rot.

Fülle den gefärbten Sirup in dein Glas und wasche den Messbecher aus. Nun misst du die entsprechende Menge blaues Spülmittel oder Flüssigseife ab. Stelle das Glas schräg und kippe das Spülmittel vorsichtig hinein, bis sich eine Schicht auf dem Sirup gebildet hat.

Wasche den Messbecher wieder aus und miss Wasser ab, das du mit grüner Lebensmittelfarbe färbst, bis es die richtige Tönung hat. Kippe das Glas wieder an und lass das Wasser langsam seitlich einlaufen. Das Gleiche machst du mit einer entsprechenden Menge Öl. Dann mischst du rote Farbe mit dem

Waschbenzin oder Alkohol und gibst dieses als oberste Schicht hinzu. Dann verschließt du das Glas.

So, nun hast du nicht nur **Flüssigkeiten** aufeinandergeschichtet – das ist an sich schon erstaunlich –, sondern auch einen tollen Regenbogen geschaffen, der immer griffbereit ist. Perfekt für all die Notfälle, in denen man dringend einen Regenbogen braucht.

Für noch mehr Chaos:

Du kannst sogar noch mehr Lagen hinzufügen. Versuche es mit Honig als unterster Schicht – probiere, ihn lila zu färben und den Sirup Indigo. **Experimentiere** auch mit Milch – an welcher Stelle passt sie in den **Dichte**-Stapel?

Für Besserwisser:

Alles auf der Welt besteht aus winzigen Teilchen, den **Molekülen**. Manche **Flüssigkeiten** enthalten viele Moleküle, andere wenig, obwohl das Volumen der Flüssigkeiten gleich ist. Diejenigen mit vielen Molekülen (wie zum Beispiel Sirup) haben eine höhere **Dichte** und die mit wenigen (wie Alkohol) eine niedrige Dichte. Deshalb bilden die Flüssigkeiten verschiedene Schichten.

DU BRAUCHST: HOHES GLAS ODER TRANSPARENTES PLASTIKGEFÄSS MIT DECKEL, WASSER, MESSBECHER, HELLEN ZUCKERRÜBENSIRUP ODER MAISSIRUP, LEBENSMITTELFARBE, BLAUES SPÜLMITTEL ODER FLÜSSIGSEIFE, SPEISEÖL, WASCHBENZIN ODER REINIGUNGSALKOHOL

Tipp: Du kannst auch kleine Objekte wie Tischtennisbälle oder Flaschendeckel hinzufügen. Findest du welche für jede Lage?

Arme schweben lassen

Keine Angst: Deine Arme werden davonschweben, aber sie kommen zurück (ein Glück, denn Arme sind sehr nützlich). Allerdings wirst du mit schwebenden Armen ziemlich komisch aussehen. Also entweder erklärst du allen Vorbeikommenden, dass du gerade ein klassisches wissenschaftliches **Experiment** durchführst … oder du gehst dahin, wo niemand dich sieht.

Stelle dich gerade hin, die Füße etwa schulterbreit auseinander, die Hände sollten locker seitlich herunterhängen. Nun greife deine Hose (oder was du gerade trägst) mit beiden Händen und zieh fest nach außen. Zieh, zieh, zieh – solange du es schaffst, aber mindestens eine Minute.

Nun lass los und lass die Arme wieder locker hängen. Nach ein bis zwei Sekunden … wow! Ist das gerade wirklich passiert? Ja, deine Arme sind von allein nach oben geschwebt. Ist das nicht irre?

Los, versuche es noch einmal. Du findest das doch echt auch irre, oder?

Für noch mehr Chaos:

Bitte einen Freund, seine Hände vor der Brust zusammenzulegen (wie jemand, der betet), dann lege deine Hände darüber und drücke sie zusammen, während er versucht, seine nach außen zu drücken. Macht das etwa eine Minute, dann lasst los … Die Hände deines Freundes werden von allein nach außen gehen.

 Für Besserwisser:

Alle Bewegungen in deinem Körper werden durch **Muskeln** verursacht, die sich spannen und entspannen. Bei diesem **Experiment** spannt sich der Trizeps in deinem Arm an, um den Arm nach außen zu drücken. Weil du dich aber an der Hose festhältst, geht das nicht. Das Gehirn schickt deshalb eine Botschaft an den Muskel, sich mehr anzustrengen. Wenn du loslässt, ist diese Botschaft noch unterwegs, obwohl du deine Muskeln nicht mehr bewusst anspannst.

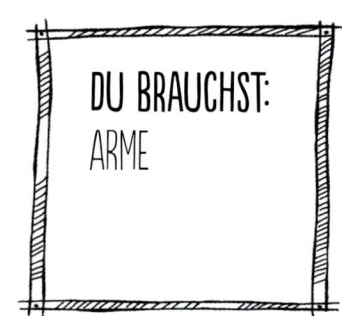

DU BRAUCHST:
ARME

Tipp: Am besten versuchst du das Experiment gleichzeitig mit allen deinen Freunden. Dann ist niemand mehr übrig, der über dich lachen kann.

Joghurt-Bissen herstellen

Ja genau – Joghurt-Bissen. Ich weiß, das klingt irgendwie falsch – wie „Milchstückchen" oder „Limonade-Knusper". Aber dickflüssiger Joghurt wird zu einem **Feststoff**, wenn er gefriert (schau an, schon wieder ein paar wissenschaftliche Begriffe). Er kann sich auch von etwas, das eher langweilig schmeckt, zu einem frucht-tastischen Geschmackserlebnis verwandeln (nein, frucht-tastisch ist *kein* wissenschaftlicher Begriff, falls du das gerade fragen wolltest).

Zuerst legst du dir passende Behälter zurecht. Wenn du viel machen willst, nimm am besten Cupcake-Formen aus Silikon oder Papierförmchen und ein Muffinblech, für eine kleinere Menge eignet sich ein sauberer Eiswürfelbehälter.

Etwas Joghurt in jedes Förmchen füllen, bis diese etwa zu zwei Dritteln voll sind. Dann Blaubeeren, Erdbeerstückchen und andere Früchte darauflegen und leicht eindrücken.

Wenn du Eiswürfelbehälter nimmst, ist es besser, den Joghurt vorher in einer Schüssel mit den klein geschnittenen Früchten zu vermischen. Weiche Früchte wie Himbeeren kannst du auch mit dem Gabelrücken zerdrücken, bevor du sie dazugibst. Nun fülle die Mischung mit dem Löffel in den Eiswürfelbehälter.

Stelle deine Kreationen für ein paar Stunden ins Gefrierfach, bis sie fest geworden sind. Dann löst du sie aus den Formen, legst sie auf einen Teller oder in eine Schüssel und lässt es dir schmecken. Ach, und wenn du nicht alles auf einmal essen kannst, halten sich die Joghurtbissen ein paar Wochen in einem Plastikbeutel im Gefrierfach.

Für noch mehr Chaos:

Erfinde eigene Rezepte. Probiere zum Beispiel Nussstückchen, Trockenfrüchte oder essbare Samen wie Sonnenblumenkerne, Kürbiskerne oder Sesam in deinen Joghurtbissen.

 Für Besserwisser:

Manche Dinge ändern bei unterschiedlichen Temperaturen ihren Zustand. In diesem Fall wird der Joghurt durch die Kälte im Gefrierfach von einer **Flüssigkeit** zu einem **Feststoff**. Wenn du ihn länger im Warmen stehen lässt, wird er wieder auftauen und flüssig werden. Das musst du unbedingt näher untersuchen – ein guter Vorwand, um Eis zu machen!

Tipp: Wenn du Holzstiele hast, kannst du auch Frozen-Joghurt-Lollis machen.

Magischer Strohhalm

Dieser Trick wird deine Freunde zum Staunen bringen! Und wenn nicht, suche dir leichtgläubigere Zuschauer. Am besten probierst du es mit Erwachsenen, das klappt eigentlich immer.

Stelle die Flasche auf den Tisch und lege den Strohhalm auf den Deckel. Bitte deine Zuschauer, den Strohhalm zu bewegen, ohne zu pusten oder ihn zu berühren. Es ist auch nicht erlaubt, die Flasche zu bewegen oder den Tisch anzuheben (falls sie sich gerade sehr stark fühlen). Natürlich wird es ihnen nicht gelingen.

Nun zeigst du ihnen, wie du den Strohhalm bewegen kannst – allein mit der Kraft deiner Gedanken! Gib aber vorher den Strohhalm herum und lass ihn von allen untersuchen. Dann erklärst du dem Publikum, dass du den Strohhalm zunächst säubern musst, damit der Schmutz von ihren Fingern das **Experiment** nicht behindert. Reibe den Strohhalm mit den Fingern oder deiner Kleidung – ordentlich hin und her. Während die Zuschauer denken, du willst ihn säubern, lädst du ihn in Wirklichkeit elektrostatisch auf.

Nun legst du ihn wieder auf die Flasche. Am besten hältst du ihn dazu mit einem Finger in der Mitte und entfernst die Hand dann gerade nach oben, damit der Strohhalm sich nicht bewegt.

Nun verwirrst du die Zuschauer, indem du die Finger seitlich an den Kopf legst wie jemand, der gleich die erstaunliche Kraft seiner Gedanken nutzen wird. Dann hältst du die Hand in die Nähe des Strohhalms. Die elektrische **Ladung** zieht ihn an deine Hand heran, wenn sie nah genug ist. Bewegst du die Hand, folgt der Strohhalm.

Und während deine Freunde dich misstrauisch ansehen und denken „Das hat bestimmt mit **Elektrostatik** zu tun", werden die Erwachsenen mächtig beeindruckt sein. Garantiert.

Für noch mehr Chaos:

Mithilfe von **Elektrostatik** kannst du auch eine Getränkedose bewegen. Dazu musst du nur einen aufgeblasenen Luftballon aufladen, indem du ihn an deinen Haaren oder Kleidern reibst. Lege dann eine leere Alu-Getränkedose auf die Seite, halte den Ballon in die Nähe und beobachte, wie die Dose losrollt. Du kannst auch ein Dosen-Wettrennen mit mehreren Ballons mit deinen Freunden veranstalten.

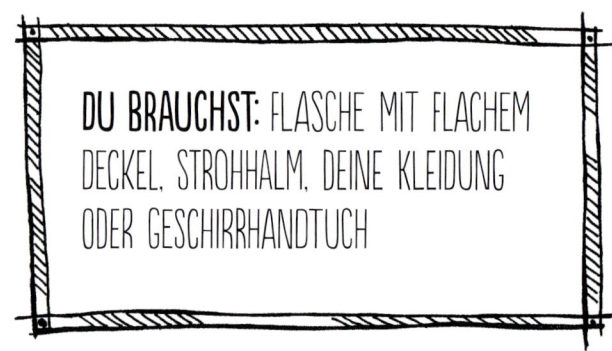

DU BRAUCHST: FLASCHE MIT FLACHEM DECKEL, STROHHALM, DEINE KLEIDUNG ODER GESCHIRRHANDTUCH

 ## Für Besserwisser:

Du hast gerade Elektrizität in Aktion gesehen! Wenn du den Strohhalm reibst, wandern negativ geladene Teilchen, sogenannte **Elektronen**, vom Stoff zu dem Strohhalm. Diese zusätzlichen Elektronen laden den Strohhalm negativ auf, während der Stoff und die Hand Elektronen verlieren und damit positiv geladen werden. Negative **Ladung** zieht positive an, das heißt, der Strohhalm wird von der Hand angezogen und bewegt sich zu ihr hin. Wenn Elektronen frei fließen, erzeugen sie elektrischen Strom. Doch die Ladung in Strohhalm, Stoff und Hand bleibt an Ort und Stelle – daher **Elektrostatik**.

Regenbogen essen

Hast du das gewusst? Obwohl das **Licht** hell aussieht, besteht es in Wirklichkeit aus vielen verschiedenen Farben. Man sieht sie nicht oft, aber wenn das Wasser in Regentropfen das **Licht bricht**, erscheinen sieben verschiedene Farbtöne – Rot, Orange, Gelb, Grün, Blau, Indigo und Violett – und bilden einen Regenbogen.

Wenn ich dir das erzähle, merkst du es dir vielleicht. Wenn ich es dir zeige, merkst du es dir eher. Aber wenn du einen Regenbogen isst, wirst du es ganz bestimmt nicht vergessen.

Stelle deine Gläser in einer Reihe auf und fülle in die ersten vier je zwei Esslöffel Milch. In die nächsten beiden kommen je drei Esslöffel Milch das letzte bleibt zunächst leer.

Nun nimmst du die drei Primärfarben Rot, Blau und Gelb, und fängst an, die Farben zu mischen. In das erste Glas gibst du sechs Tropfen rote Farbe, in das zweite sechs Tropfen Gelb und schließlich neun Tropfen Blau in das fünfte Glas. Rühre jedes Mal um und wasche den Löffel wieder ab, damit sich die Farben nicht unabsichtlich mischen.

In das dritte Glas gibst du drei Tropfen Gelb und drei Tropfen Rot, um Orange zu mischen. In das vierte Glas kommen drei Tropfen Gelb und drei Tropfen Blau – das ergibt Grün. In das sechste Glas gibst du fünf Tropfen Rot und fünf Tropfen Blau, um Lila zu erhalten. Nun kommen in das leere Glas noch ein Esslöffel blaue Milch und ein Esslöffel lila Milch, dann erhältst du Indigo.

Nun kannst du den Regenbogen auf das Brot malen. Nimm dazu einen sauberen Pinsel und male die bunte Milchfarbe in Streifen auf die Toastscheibe – von Rot zu Lila.

Wenn du fertig bist, bitte einen Erwachsenen, das Brot zu toasten. Wenn es herausspringt, schmiere etwas Butter darauf, bevor du deinen köstlichen Regenbogen isst (und das ganze Wissen, das darin enthalten ist). Ach, du hast es noch nicht ganz verstanden? Dann mache lieber noch eine Scheibe. Beim Essen lernen – dadurch kapiert es jeder.

Für noch mehr Chaos:

Natürlich kannst du auch andere Bilder auf dein Brot malen. Das ist dann zwar nicht wissenschaftlich, aber lustig, künstlerisch und lecker. Das reicht.

Für Besserwisser:

Sonnenlicht sieht weiß aus – wie das Brot –, aber in Wirklichkeit ist es **polychromatisches Licht**. Das heißt, es besteht aus mehreren Farben – Rot, Orange, Gelb, Grün, Blau, Indigo und Violett. Die Toastscheibe sieht nur weiß aus, weil sie alle diese Farben zusammen **reflektiert**, sodass sie weiß erscheinen. Wenn du rote Farbe auf das Brot pinselst, reflektiert sie nur das rote Licht und absorbiert alle anderen Farben. Blaue Farbe reflektiert nur blaues Licht, grüne nur das grüne Licht – und so weiter.

DU BRAUCHST: 7 GLÄSER, MILCH, LEBENSMITTELFARBE (ROT, BLAU UND GELB), BACKPINSEL ODER SAUBEREN MALPINSEL, TOAST, TOASTER (UND EINEN ERWACHSENEN), BUTTER, MESSER, TELLER

Tipp: Nimm nicht zu viel Farbe, sonst wird dein Toast matschig.

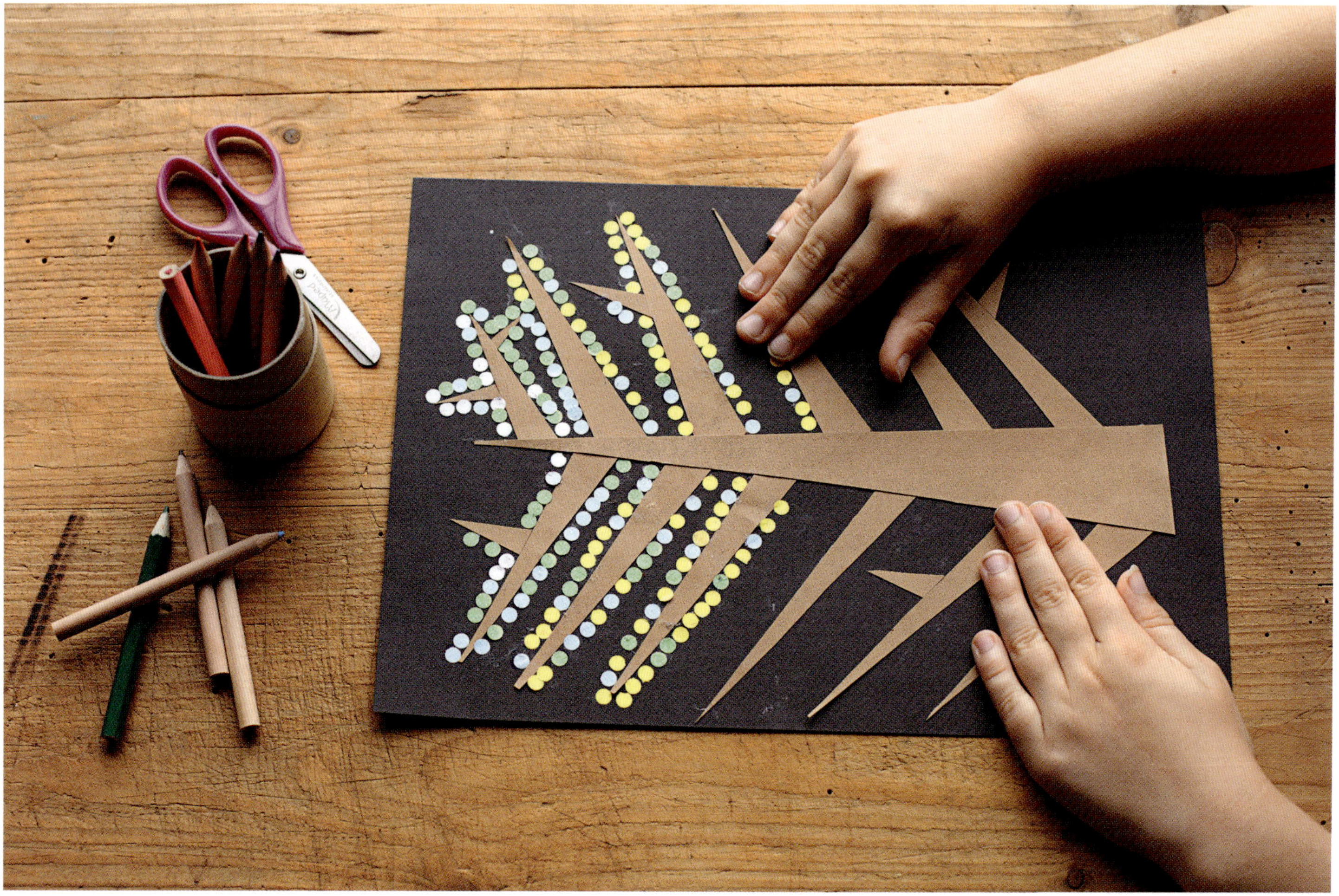

DU BRAUCHST: BRAUNES PAPIER, BLEISTIFT, SCHERE, TON-KARTON IN A4, KLEBER, LOCHER, BUNTES PAPIER, UMSCHLAG

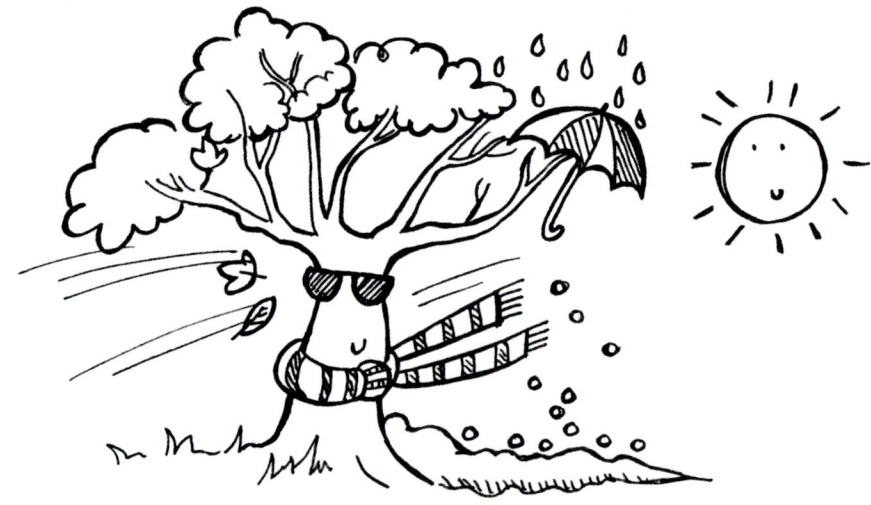

Wetterbaum anfertigen

Komm schon! Beeil dich! Wenn du gleich anfängst, bist du … in einem Jahr fertig! Ja, du hast mich schon richtig verstanden. Dieses Projekt dauert ein ganzes Jahr, aber das ist es wert (und wenn nicht, habe ich 365 Tage Zeit, um mir eine Entschuldigung auszudenken.)

Fange mit dem Baum an. Dazu schneidest du ein langes Dreieck aus braunem Papier und klebst es auf einen Tonkarton in A4. Das ist der Stamm. Für die Äste schneidest du 12 schmalere Dreiecke aus – eins für jeden Monat. Dann kannst du noch ein paar kleinere Stückchen als Zweige dazukleben.

Die „Blätter" machst du mit einem Locher. Dabei brauchst du verschiedene Farben, die für unterschiedliches Wetter stehen. Damit du nicht vergisst, welche Farbe was bedeutet, machst du auf einem anderen Papier eine Liste für die verschiedenen Farben. Zum Beispiel:

Wolken = grau, Sonne = gelb, Wind = grün, Regen = blau, Schnee = weiß.

Du kannst auch einen Umschlag an dieses zweite Papier heften, in dem du fertig gelochte „Blätter" aufbewahrst.

Jetzt ist der Baum fertig. Am Ende jedes Tages suchst du dir ein Blatt aus, je nachdem, wie das Wetter in den letzten 24 Stunden war. Dann gibst du einen kleinen Tropfen Kleber auf das Blatt oder reibst es über einen Klebestift und klebst es bei dem richtigen Monat an. Du kannst sogar das Datum auf das Blatt schreiben – falls du ein Meister der Mini-Schreibkunst bist.

Bist du mit dem Wetter von heute fertig? Gut – nur noch 364 Tage …

Für noch mehr Chaos:

Bastele weitere Wetterbäume, um verschiedene Ereignisse zu dokumentieren. Wenn du ein Thermometer hast, könnten die verschiedenfarbigen Blätter für unterschiedliche Tageshöchsttemperaturen stehen. Oder du baust dir einen Regenmesser und dokumentierst, wie viel Regen an welchem Tag fällt, indem du Blattfarben Regenmengen zuordnest.

Für Besserwisser:

Mit dem Wetterbaum lässt sich die Wetterlage in verschiedenen Monaten und **Jahreszeiten** festhalten. Jahreszeitliche Wetteränderungen passieren, weil die Erde auf ihrem jährlichen Weg um die Sonne schief steht. Teile der Erde liegen deshalb näher an der Sonne und bekommen mehr **Licht** ab – das nennen wir Sommer. Andere Teile sind weiter entfernt und bekommen weniger Licht – dann ist es Winter.

Messlatte basteln

Kennst du das, wenn deine Mutter dir eine riesige Jacke kauft, die fast am Boden schleift, und sagt: „Keine Angst, du wächst da rein"? Ich fürchte, sie hat recht. Tatsächlich wächst du die ganze Zeit, aber es ist schwer zu sehen (besonders wenn du in der Riesenjacke steckst).

Wenn du dir selbst beweisen willst, dass du wächst, bastelst du dir am besten deine eigene Messlatte.

Zuerst fügst du einige Blätter A4-Papier längs zusammen, sodass sie sich 3–4 cm überlappen. Klebe die überlappenden Stellen hinten mit Klebeband fest. Benutze am besten ein Lineal, denn die Blätter müssen ganz gerade aneinandergeklebt werden. Sobald du fertig bist, dreh den Blätterstreifen um und klebe die Klappen vorne mit Klebestift an.

Setze jetzt mithilfe des Lineals Markierungen in Zentimeterabständen, die du mit einem langen Maßband überprüfst. Wenn du rechts und links auf dem Blatt Markierungen anbringst, kannst du dazwischen mit dem Lineal Striche ziehen.

Schreibe die Zentimeterangaben links neben die Markierungen. Jetzt kannst du deine Messlatte nach Belieben verzieren. Male sie bunt an oder füge andere interessante Markierungen hinzu. Wenn du dich für Geschichte interessierst, schreibe doch die Größe von bedeutenden Persönlichkeiten der Vergangenheit an deine Skala. Oder bist du ein Fußballfan? Dann notiere, wie groß deine Lieblingsspieler sind, und dazu vielleicht die Größe des WM-Pokals (37 cm, falls es dich interessiert). Magst du lieber Dinos? Dann schreibe die Größe des gewaltigsten jemals gefundenen T-Rex-Zahns (30 cm), die Länge des winzigen Compsognathus (76 cm) oder den **Durchmesser** eines Stegosaurus-Gehirns auf (3 cm – ja, nicht der Schlauste).

Zum Schluss befestigst du deine Messlatte mit Knetkleber an der Wand. Achte darauf, dass sie unten genau am Boden abschließt. Dann stelle dich ohne Schuhe mit dem Rücken zur Wand an die Latte und lass jemanden deine Größe messen. Am besten geht das, wenn man ein Buch auf den Kopf legt und es gerade an die Latte hält. Schreibe deinen Namen und das Datum neben die gemessene Höhe und wiederhole die Messung alle 3 Monate. Siehst du, du wächst. Wer weiß – mit 18 bist du vielleicht sogar groß genug für die Riesenjacke.

Für noch mehr Chaos:

Du kannst zusätzlich dein Gewicht mit einer Personenwaage messen und es ebenfalls aufschreiben. Und notiere auch die Größe der anderen Familienmitglieder! Allerdings solltest du deine Eltern lieber nicht nach ihrem Gewicht fragen. Erwachsene sind bei solchen Fragen immer empfindlich.

 # Für Besserwisser:

Menschliche Größe wird normalerweise als Höhe angegeben, da so die Veränderungen in der Struktur gemessen werden – dem **Skelett**. Wie groß jemand wird, hängt von verschiedenen Dingen ab, zum Beispiel der Ernährung, wird aber auch durch die **Genetik** beeinflusst. Das sind die **Merkmale**, die du von deinen Eltern erbst. Es ist aber gut möglich, dass du größer wirst als deine Eltern, da sich Ernährung und Gesundheit über die Jahre verbessert haben. Deshalb ist es wahrscheinlich, dass du die Maximalhöhe erreichst, die deine **Gene** vorgeben.

DU BRAUCHST:
MEHRERE BLÄTTER
A4-PAPIER, KLEBEBAND,
LINEAL, KLEBESTIFT,
BLEISTIFT, LANGES
MASSBAND, BUNT-
STIFTE ODER BLEI-
STIFTE, KNETKLEBER

Wasserstelle für Bienen und Schmetterlinge

Ja, auch Insekten werden durstig! Das ist eigentlich nicht überraschend, denn eine Biene kann pro Tag Tausende von Blumen anfliegen – kein Wunder, dass das arme Tier zwischendurch etwas zu trinken braucht. Doch das ist nicht immer einfach zu finden. Pfützen trocknen aus und in tiefem Wasser können Insekten ertrinken. Deshalb ist es eine gute Idee, im Garten Wasserstellen für Insekten zu verteilen.

Dazu brauchst du eine flache Schale oder eine Untertasse. Auch ein Deckel ist geeignet. Lege ein paar Steinchen hinein, die etwas höher als der Rand der Schale sind. Stelle deine Schale in die Nähe von Blumen, von denen du weißt, dass Bienen, Schmetterlinge und andere Insekten sie mögen. Hast du keine Ahnung, welche das sein könnten, gehe an einem warmen Tag in den Garten und beobachte die Insekten, um zu sehen, zu welchen Blumen sie fliegen. (Du kannst dir dazu auch einen kühlen Drink mit nach draußen nehmen – pass aber auf, dass die Bienen nicht neidisch werden.)

Gieße Wasser in deinen Behälter, bis er voll ist. Du siehst, dass die Steine wie Inseln aus dem Wasser ragen – ein guter Landeplatz für Insekten. Warum legst du nicht auch noch ein paar ihrer Lieblingsblüten in die Schale? Diese locken die Insekten an und es sieht außerdem schön aus (das spielt in der Wissenschaft zwar keine Rolle, aber egal).

Kontrolliere die Wasserschalen jeden Tag und gieße wenn nötig mehr Wasser hinein. Und wo du gerade dabei bist, hole dir selbst auch noch etwas zu trinken. Du fliegst zwar nicht mit Höchstgeschwindigkeit durch die Luft, aber die Insektenbeobachtung kann auch ganz schön durstig machen.

Für noch mehr Chaos:

Du kannst aus der Wasserstelle auch eine Futterstelle machen, indem du etwas Zucker im Wasser auflöst. Kommen dann andere und mehr Insekten? Und haben auch Temperatur und Wetter Einfluss auf die Zahl der Besucher?

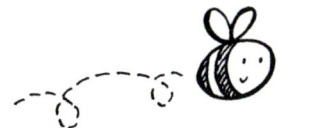

 Für Besserwisser:

Wenn du Wasserstellen einrichtest, kannst du wunderbar die verschiedenen Insekten im Garten beobachten. Insekten gehören unterschiedlichen Familien an, abhängig zum Beispiel von der Größe und Anzahl der Flügel. Benutze ein Bestimmungsbuch – wie viele unterschiedliche **Spezien** an Insekten kannst du bestimmen? Auch innerhalb einer Familie lassen sich verschiedene Arten unterscheiden … notiere zum Beispiel, welche Bienen- und Schmetterlingsarten deine Wasserstelle besuchen.

DU BRAUCHST: FLACHE SCHALE, UNTERTASSE ODER DECKEL, KIESELSTEINE, WASSER

Glockenklang lauschen

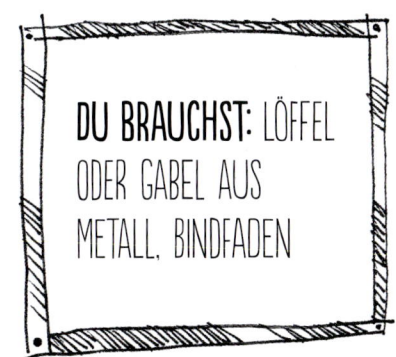

DU BRAUCHST: LÖFFEL ODER GABEL AUS METALL, BINDFADEN

Die meisten Leute mögen den Klang von Glocken, aber niemand will 200 Kilo Eisen in seiner Wohnung hin- und herschwingen haben. Zum Glück kannst du den Glockenklang auch mit einem Löffel oder einer Gabel erzeugen – wenn es dir nichts ausmacht, dabei etwas komisch auszusehen.

Schnapp dir einen Löffel oder eine Gabel und knote das Besteck in der Mitte deines Bindfadens fest. Das Besteckteil muss ganz aus Metall sein und darf keinen Griff aus einem anderen Material haben.

Dann wickelst du dir die Enden der Schnur um beide Zeigefinger. Lass den Löffel mehrmals gegen einen Tisch, einen Stuhl oder Ähnliches schwingen (nicht gegen Menschen, die mögen es meist nicht, wenn man Besteck gegen sie schwingt) und höre, was das für ein Geräusch macht. Nicht gerade beeindruckend, oder?

Nun versuche es noch einmal, halte aber diesmal die Hände fest gegen deinen Kopf, sodass die Finger in der Nähe der Ohren sind (nicht in die Ohren stecken). Das Geräusch, das du hörst, wird dich annehmen lassen, du stündest unter einem wunderschönen, eindrucksvollen Glockenturm und würdest einer riesigen Glocke lauschen … dabei stehst du in der Küche mit den Fingern am Kopf, von denen ein Löffel baumelt.

Für noch mehr Chaos:

Was passiert, wenn dein Löffel nicht aus Metall ist oder wenn du den Bindfaden durch andere Materialien wie Wolle, Draht oder aneinandergeknotete Gummis ersetzt?

 Für Besserwisser:

Du hörst Geräusche, weil die Vibration der Luft gegen dein Trommelfell die **Nerven** stimuliert, die dann elektrische Signale ans Gehirn senden. Wenn der Bindfaden sich in der Nähe deiner Ohren befindet, müssen die Vibrationen nicht weit wandern und werden weniger stark gestreut, deshalb erreichen mehr davon dein Ohr. Das Trommelfell bewegt sich stärker vor und zurück (das nennt man höhere **Amplitude**), und der Ton, den du hörst, klingt lauter.

Tischtennisball schweben lassen

Die meisten Erwachsenen finden, ein Föhn sollte zum Haaretrocknen benutzt werden. Das zeigt mal wieder, wie schockierend einfallslos sie sind. Tatsächlich kann man viel tollere Sachen mit einem Föhn machen, zum Beispiel einen Tischtennisball schweben lassen.

Bevor du anfängst, musst du fragen, ob du den Föhn benutzen darfst – ach so, und du musst gucken, ob sich nicht gerade ein Erwachsener die Haare föhnen will. In diesem Fall könntest du demjenigen vorschlagen, stattdessen einfach wild den Kopf zu schütteln, bis die Haare trocken sind – bei Hunden funktioniert das schließlich auch.

Wenn du den Föhn hast, stecke den Stecker in die Steckdose und lege einen Tischtennisball auf die nach oben zeigende Düse. Schalte den Föhn an und beobachte, wie der Ball hinaufsteigt und schließlich in der Luft schwebt. Wenn das nicht klappt, bitte jemanden, den Tischtennisball in den Luftstrom zu halten, sodass du dich darauf konzentrieren kannst, den Föhn gerade zu halten.

Für noch mehr Chaos:

Wie lange kannst du den Tischtennisball in der Luft halten? Stoppe die Zeit und dann lass deine Freunde versuchen, deinen Rekord zu brechen.

 **Für Besserwisser:**

Normalerweise würde der Ball zu Boden fallen, weil die **Schwerkraft** ihn anzieht. Doch der Luftstrom des Föhns bläst ihn nach oben, und er schwebt an der Stelle, wo sich die beiden **Kräfte** aufheben. Luft, die sich schnell bewegt, hinterlässt außerdem einen niedrigeren **Luftdruck**. Der Luftstrom aus dem Föhn erzeugt also eine Säule mit niedrigem Luftdruck, in der der Ball schwebt – denn der höhere Luftdruck außerhalb macht es ihm schwer, den Luftstrom zu verlassen.

Tipp: Lass den Föhn zuerst auf niedrigster Stufe pusten. Stelle auch immer die niedrigste Temperatur ein, das ist sicherer.

DU BRAUCHST:
TISCHTENNISBALL,
FÖHN, ERLAUBNIS
EINES ERWACH-
SENEN

Insektenfreundliche Blumen pflanzen

Wenn du mehr Bienen, Schmetterlinge oder Nacht-falter in deinem Garten haben willst, kannst du Will-kommens-Schilder aufstellen oder den Eintrittspreis für alle Besucher mit Flügeln senken. Einfacher ist es jedoch, die Lieblingspflanzen der Insekten zu pflanzen.

Fast jeder Behälter eignet sich zum Pflanzen, voraus-gesetzt, er fällt im Freien nicht auseinander und du kannst Löcher in den Boden bohren, durch die überschüssiges Wasser abläuft. Wenn du die Löcher nicht selber bohren oder stechen kannst, bitte einen Erwachsenen, mithilfe von Hammer und Nagel oder einem Bohrer den Boden zu lochen.

Manche Dinge haben auch zu viele Löcher (zum Beispiel Siebe) oder ein sehr großes Loch (alte Reifen). In diesen Fällen kannst du dir mit einer Plastikfolie behelfen, in die du ein paar Löcher hineinschneidest (eine alte Blumenerde-Tüte ist zum Beispiel gut geeignet).

Die fertigen Töpfe stellst du an einen sonnigen Platz und füllst sie mit Blumenerde, bevor du insekten-freundliche Pflanzen**samen** säst. Insekten bestäu-ben bestimmte Pflanzen besonders gern:

Schmetterlinge: Versuche es mit Eisenkraut, Sca-biose, Blausternchen, Ringelblumen (*Tagetes* und *Calendula*), Bartnelke (*Dianthus barbatus*), Levkojen (*Matthiola*), Schöterich (*Erysimum*), Zinnien und Bauernsenf (*Iberis amara*).

Bienen: Säe Borretsch (*Borago officinalis*), Kaliforni-schen Mohn (*Eschscholzia californica*), Kosmeen, Kornblumen (*Centaurea cyanus*), Jungfer im Grünen (*Nigella*), Sonnwendkraut, Spiegelei-Blume (*Limnanthes*), Sonnenblumen, Bienenfreund (*Phacelia*), Große Wachsblume (*Cerinthe major*).

Nachtfalter: Pflanze Nachtviolen (*Hesperis*), Nacht-Levkojen (*Matthiola bicornis*) oder Geflügel-ten Tabak (*Nicotiana alata*) – diese Pflanzen duften besonders abends, wenn die Nachtfalter aktiv sind.

Gieße die Pflanzen besonders bei Trockenheit regel-mäßig, dann sollten sie in ein paar Wochen blühen. Und die Bienen, Schmetterlinge und Nachtfalter werden bis auf die Straße Schlange stehen. (Tat-sächlich stellen sich Insekten nicht an – sie haben einfach keine Manieren!)

Für noch mehr Chaos:

Male einige deiner Pflanztöpfe bunt an. Benutze eine für draußen geeignete Grundierung, und wenn diese getrocknet ist, male mit Acrylfarbe oder an-derer Farbe für draußen darüber. Auch Tafelfarbe sollte funktionieren.

 ## Für Besserwisser:

Die hier aufgezählten Pflanzen sind zusammen mit den Insekten entstanden und brauchen Bienen, Schmetterlinge etc., die sie **bestäuben**. Das bedeutet, sie transportieren **Pollen** zwischen den männlichen und weiblichen Teilen verschiedener Pflanzen, sodass die Pflanze später Früchte und **Samen** produzieren kann.

DU BRAUCHST: MEHRERE ALTE BEHÄLTER, BLUMENERDE, SAMEN, WASSER, GIESSKANNE

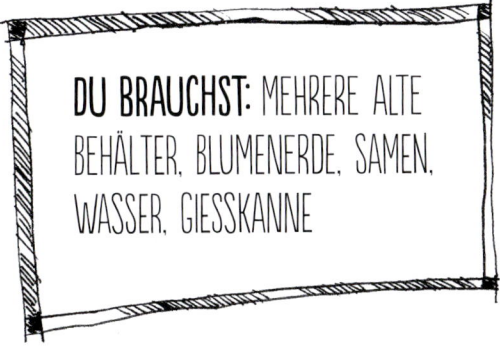

Tipp: Wenn die Keimlinge im Topf zu dicht stehen, zieh ein paar heraus, damit die anderen richtig wachsen können.

Herbstblätter-Baum kleben

Herbstblätter sind toll, halten aber meist nicht lange. Heute sind sie überall und du kannst sie auf dem Schulweg durch die Gegend kicken oder eimerweise über dem Kopf deines Bruders auskippen – morgen sind sie schon schlammige Matsche im Rinnstein.

Zum Glück ist es ganz einfach, ein paar besonders schöne Blätter für die nächsten Monate zu erhalten, denn der Baum hat schon viel dafür getan, sie zu konservieren.

Die **Bakterien** und **Pilze**, die die Blätter **zersetzen**, brauchen nämlich Wasser, um zu wachsen und sich zu vermehren. Doch bevor das Blatt fällt, hat der Baum schon das meiste Wasser daraus **absorbiert**. Außerdem hat er den grünen Farbstoff **Chlorophyll** herausgezogen, deshalb sehen die Blätter nicht mehr frisch und grün aus. Stattdessen sieht man die Abbauprodukte (braun) und Zuckerreste (rot), die in den Blättern zurückbleiben.

Suche dir für deinen Baum ein paar hübsche Blätter aus. Nimm die, die nicht eingerissen sind und keine Flecken haben, denn die halten sich am längsten. Und so schön die gelben und roten Blätter auch sind – sie verlieren ihre Farbe schneller als die braunen. Wähle also sorgfältig!

Lege deine Blätter auf dem Tisch aus – achte darauf, dass sie vollständig trocken sind. Dann entfernst du das Schutzpapier von der Klebefolie und legst die Blätter mit etwas Abstand zueinander darauf. Lege eine zweite Klebefolie darüber und drücke sie fest. Versuche dabei, möglichst viele Luftblasen herauszudrücken.

Wenn du ein Laminiergerät hast, kannst du die Blätter auch mit Laminierfolie versiegeln. Oder du legst sie zwischen zwei Schichten Wachspapier, stellst das Bügeleisen auf niedrigste Stufe und bügelst sie zusammen. Wenn du fertig bist, schneide die Blätterumrisse aus. Lass dabei immer einen schmalen Rand, wo das Plastik oder Wachspapier zusammenklebt.

Schneide nun einen Baumstamm und Zweige aus braunem Papier oder Tonkarton aus und klebe sie mit kleinen Stückchen Knetkleber oder doppelseitigem Klebeband ans Fenster. Dann klebst du die versiegelten Blätter dazu, und schon hast du einen Baum mit schönen Herbstblättern, die lange erhalten bleiben.

Für noch mehr Chaos:

Versuche zu bestimmen, von welchem Baum deine Herbstblätter stammen. Dann kannst du dir aufschreiben, welche von ihnen an deinem Fensterbaum am längsten ihre Farben behalten.

 ## Für Besserwisser:

Laubbäume verlieren im Herbst ihre Blätter. Sonst würden sie im Winter vertrocknen, denn über die Blätter würden sie viel Wasser verlieren, könnten aber durch die **Wurzeln** nicht genug neues aufnehmen, wenn die Erde gefroren ist. Bevor der Baum seine Blätter abwirft, zieht er Wasser, **Chlorophyll** und andere wichtige Stoffe heraus. Zurück bleiben die Abbauprodukte, die nicht mehr gebraucht werden. Das ist, als würde der Baum einmal im Jahr zur Toilette gehen. Im Frühling fängt der Kreislauf mit neuen Blättern von vorn an.

DU BRAUCHST: HERBST-BLÄTTER, DURCHSICHTIGE SELBSTKLEBENDE FOLIE ODER LAMINIERFOLIE UND LAMINIER-GERÄT ODER WACHSPAPIER UND BÜGELEISEN, SCHERE, BRAUNES PAPIER ODER TONKARTON, BLEISTIFT, KNET-KLEBER ODER DOPPELSEITIGES KLEBEBAND

Klangeffekte erzeugen

Wenn du eine richtig dramatische Geschichte erzählen willst, ist es eine tolle Idee, ein paar Klangeffekte einzubauen. Du hast wahrscheinlich nicht das Geld, um einen Hollywoodfilm zu drehen, aber um imposante Geräuscheffekte zu erzeugen, musst du nicht dein Sparschwein schlachten (es sei denn, du willst wissen, wie es sich anhört, wenn man sein Sparschwein schlachtet).

Du kannst mit verschiedenen Haushaltsgegenständen **experimentieren**. Hier sind ein paar Ideen:

- Papier zerknüllen (knisterndes Feuer)

- auf einer Packung Maismehl herumdrücken (Schritte im Schnee)

- durch einen Strohhalm in ein Glas mit Wasser pusten (kochendes Wasser)

- einen Regenschirm öffnen (plötzlicher Feuerausbruch)

- Reis, Vogelfutter oder groben Sand auf ein Backblech streuen (Regen)

- ein Rad von einem Fahrrad drehen und ein Stück Stoff dagegen halten (Wind)

- Sandpapier zerdrücken (Eier zerbrechen)

- Wasserflaschen in einen Eimer quetschen (eine Kuh melken)

- zwei Hälften einer Kokosnuss zusammenschlagen (Hufgeklapper)

- große Topfdeckel aus Metall aneinanderschlagen, die Deckel dabei am Griff halten (Glockenklang)

- mit einem Paar Lederhandschuhen durch die Luft wedeln (fliegende Vögel)

- einen Schirm sehr schnell öffnen und schließen (fliegende Fledermaus)

Natürlich kannst du die Geräusche auch aufnehmen, um sie bei Bedarf abzuspielen. Dazu wäre es gut, wenn du ein eigenes Studio hast. Ich meine damit einen kleinen, ruhigen Raum, am besten mit Teppich und Vorhängen und vielen zusätzlichen Kissen und Decken. Diese helfen nämlich, andere Geräusche zu dämpfen, sodass nur die aufgenommen werden, die dem Aufnahmegerät am nächsten sind (wahrscheinlich deine Schnarchgeräusche, weil es dir mit den vielen Decken und Kissen zu gemütlich geworden ist).

Für noch mehr Chaos:

Versuche, so viele Geräusche wie möglich mit Alltagsgegenständen zu erzeugen.

 Für Besserwisser:

Wir hören Geräusche, weil die Vibrationen, die von der Geräuschquelle ausgehen, unser Ohr erreichen. Klangeffekte funktionieren, weil die **Schallwellen**, die sie erzeugen, eine ähnliche Geschwindigkeit, **Amplitude** (Lautstärke) und Wellenlänge (**Tonhöhe**) haben wie das Geräusch, das sie nachahmen. Deshalb klingt es für unsere Ohren ähnlich.

DU BRAUCHST: HAUSHALTS-GEGENSTÄNDE, EVTL. AUFNAHME-GERÄT

Deine eigene DNA sichtbar machen

Deine Augenfarbe und deine Haarfarbe, der Klang deiner Stimme und ganz wichtige Dinge wie die Frage, ob du mit den Ohren wackeln oder die Zunge rollen kannst – all diese Informationen sind in jeder einzelnen **Zelle** deines Körpers gespeichert, und zwar in einem langen **Molekül**, das **DNA** genannt wird.

Erstaunlicherweise ist es möglich, die DNA sichtbar zu machen. Dazu ist nichts weiter nötig als ein bisschen Wissenschaft, etwas Mundwäsche und … eine ruhige Hand.

Für das **Experiment** brauchst du Waschbenzin oder Reinigungsalkohol, und wenn du einen Erwachsenen bittest, dieses für ein paar Stunden ins Gefrierfach zu stellen, wird es noch besser funktionieren.

Nimm einen Schluck Wasser, gurgle und spüle es ein paar Minuten lang im Mund. Das Ziel ist es, dass so viele Mundschleimhautzellen wie möglich ins Wasser gelangen. Wenn du willst, kannst du auch mit den Zähnen sanft über die Innenseite der Wangen kratzen.

Nach ein paar Minuten spuckst du das Wasser in ein Glas oder einen durchsichtigen Plastikbecher und gibst ¼ Teelöffel Salz dazu. Gut verrühren, bis das Salz sich aufgelöst hat. Es hilft, die Zell**membranen** aufzubrechen und die DNA freizusetzen.

Lass das Gemisch für 1–2 Minuten stehen, gib dann einen Tropfen Spülmittel hinzu und rühre erneut um, diesmal aber ganz vorsichtig. Das Spülmittel soll sich mit dem Wasser vermischen, aber keine Blasen bilden. Die Moleküle im Spülmittel verbinden sich mit den Fetten in der Zellmembran und **lösen** sie von der DNA.

Zum Schluss nimmst du deinen eiskalten Alkohol (oder Benzin), misst mithilfe eines Messbechers 30 ml ab, kippst das Glas etwas zur Seite und gießt vorsichtig den Alkohol hinein. Er sollte am Rand hinunterlaufen und eine Schicht über dem Wasser mit deinen **Genen** darin bilden.

Nun beobachte, was passiert. In ein paar Minuten wirst du sehen, wie im Glas weiße Wolken und dann schnurartige Gebilde entstehen. Das … bitte einen Trommelwirbel! … ist deine DNA! Ja, die Informationen, die dich unverwechselbar machen. Du solltest sie bestaunen und bewundern – und dann schnell in den Ausguss kippen, bevor jemand sie benutzen will, um dich zu **klonen**. Ein Exemplar von dir reicht nämlich!

Für noch mehr Chaos:

Du kannst auch die DNA von anderen Leuten isolieren – oder sogar die von Früchten, z. B. Erdbeeren oder Bananen. Zerdrücke diese einfach mit etwas Wasser, füge Salz und einen Tropfen Spülmittel hinzu, lass die **Flüssigkeit** durch einen Kaffeefilter in ein Glas laufen und gieße wie vorher den eiskalten Alkohol hinzu.

 ## Für Besserwisser:

DNA löst sich nicht in Alkohol, sondern flockt in der Zellen**lösung** aus (d. h., sie bildet kleine feste Klumpen in der **Flüssigkeit**), wenn sie mit dem Alkohol in Kontakt kommt. Ein einzelner DNA-Strang ist viel zu winzig, als dass man ihn sehen könnte, doch in diesem **Experiment** klumpen sich Tausende dieser Stränge zusammen und werden so sichtbar. Wirklich erstaunlich!

DU BRAUCHST: WASCHBENZIN ODER REINIGUNGS-ALKOHOL, STILLES WASSER IN EINER FLASCHE, GLAS ODER DURCHSICHTIGEN PLASTIKBECHER, TEELÖFFEL, SALZ, SPÜLMITTEL, MESSBECHER

Keks-Seilbahn bauen

Preisfrage: Was ist besser als ein Schokoladenkeks?

Natürlich ein Schokoladenkeks, der von einer Seilbahn geliefert wird! Dass du darauf nicht gekommen bist, ist echt schwach.

Ich finde, du solltest dich unbedingt über Keks-Liefersysteme informieren. Vorher musst du dir allerdings überlegen, wohin du deine Seilbahn bauen willst. Sie funktioniert draußen oder drinnen – je nachdem, wo die Sachen zum Naschen am dringendsten gebraucht werden.

Binde deine Schnur zwischen zwei Punkten fest. Wichtig ist, dass einer höher liegt als der andere, damit die **Schwerkraft** wirken kann. Danach baust du dir einen Lieferbehälter. Dazu kannst du einen Plastik- oder Pappbecher oder einen anderen kleinen Plastikbehälter benutzen, der sich irgendwie an die Schnur hängen lässt. Vielleicht wickelst du etwas Draht oder Schnur um den Behälter und klebst dies mit Klebeband fest. Achte aber darauf, dass der Behälter gut ausbalanciert ist und nicht kippt, wenn er hängt, sonst landen deine Schokokekse auf dem Boden – und das geht gar nicht.

Nun könntest du den Behälter mit der Schnur an die Seilbahn hängen, den Draht könntest du auch zu einem Haken biegen. Du wirst allerdings merken, dass deine Seilbahn auf diese Weise nicht besonders gut läuft. Das liegt daran, dass Draht oder Schnur sich an dem Seil reiben.

Um die **Reibung** zu verringern, schneide ein Stück Strohhalm ab, halbiere es der Länge nach und lege es über die Schnur, bevor du deinen Behälter mit Klebeband daran befestigst. Du kannst auch versuchen, die Schnur geschmeidiger zu machen, indem du sie mit Öl einreibst.

Natürlich musst du auch untersuchen, ob sich die Anzahl, Form und Größe der Kekse auf die Transportgeschwindigkeit auswirken. Wenn es zu viele sind und das System nicht richtig funktioniert, bist du eventuell gezwungen, ein paar zu essen. Jaja, Wissenschaft ist manchmal harte Arbeit.

Für noch mehr Chaos:

Mache einen Wettbewerb mit einem Freund. Lass ihn ebenfalls einen Lieferbehälter bauen und stoppt die Zeit, die eure Behälter brauchen, um die Seilbahn entlangzufahren. Welcher ist schneller? Du kannst auch große Behälter bauen und damit Spielzeug transportieren. **Experimentiere** mit verschiedenen Materialien für die Seilbahn-Schnur, zum Beispiel Angeldraht oder Wolle. Kannst du dir schon vorher denken, welches am besten funktionieren wird?

 **Für Besserwisser:**

Reibung ist eine **Kraft**, die sich berührende Objekte abbremst, wenn sie sich aneinander vorbeibewegen. Öl fettet die **Oberfläche** der Schnur und bewirkt damit, dass sich die Befestigung des Containers weniger daran reibt. Glattere Oberflächen wie der Strohhalm erzeugen ebenfalls weniger Reibung, sodass der Behälter schneller fahren kann.

DU BRAUCHST: SCHNUR, PAPPBECHER ODER PLASTIK-GEFÄSS, KLEBEFILM ODER ABKLEBEBAND, STROH-HALME, KEKSE ODER AN-DERE NASCHEREIEN, EVTL. DRAHT, EVTL. SPEISEÖL

Tipp: Wenn du eine lange Schnur unten an deinem Behälter befestigst, kannst du ihn daran wieder nach oben ziehen, ohne dass du dich bewegen musst.

Blüten-Fensterbild basteln

Wenn man dich einen affektierten Aufschneider nennt, ist das normalerweise nicht gut – es sei denn, du bist eine Blume. Dann kannst du nur antworten: „Danke, ich gebe mein Bestes!", und warten, bis die Bienen und Schmetterlinge dich endlich bemerken.

Leider verwelken die schönen bunten Blüten oft schnell, doch du kannst einige von ihnen pressen und erhalten. Pflücke dafür ein paar Blumen (achte darauf, dass sie trocken sind) und lege sie vorsichtig zwischen zwei Lagen Papier. Stecke dies zwischen ein paar alte Zeitungen und beschwere sie mit einigen schweren Büchern. Und warte … ein paar Wochen. Tut mir leid!

Schneide dann bei zwei Papptellern die Mitte heraus (knicke sie etwas in der Mitte, um den ersten Schnitt zu machen) und benutze den inneren Kreis als Schablone, um zwei Kreise aus durchsichtiger Klebefolie aufzumalen. Schneide diese mit etwa 1 cm Randzugabe aus, sodass der Kreis größer ist als das Loch im Pappteller.

Entferne von einem der Kreise das Schutzpapier und klebe ihn von hinten auf einen Pappteller, sodass die Klebeseite durch den Tellerrahmen sichtbar ist. Nun kannst du künstlerisch tätig werden und deine gepressten Blüten so schön wie möglich auf der Folie anordnen. Wenn du nicht weiterweißt, tue einfach so, als wärst du eine Blume – die wissen, wie man möglichst viel Eindruck macht.

Wenn dir dein Blumenbild gefällt, entferne das Schutzpapier des anderen Kreises und klebe die Folie auf die Blüten, damit sie versiegelt sind. Drücke sie glatt und klebe dann den anderen Pappdeckel darüber. Nun hast du einen Rahmen.

Wenn das Blütenbild fertig ist, kannst du es entweder mit Knetkleber ans Fenster kleben oder ein Loch in den Rahmen stechen und einen Faden hindurchfädeln. Wenn das **Licht** durch dein Fensterbild scheint, wird es die Blüten zum Leuchten bringen – und vielleicht die eine oder andere Biene verwirren, die gern zu Besuch kommen möchte.

Für noch mehr Chaos:

Du kannst jeden Monat ein neues Fensterbild basteln – mit den Blumen, die gerade blühen. Oder du benutzt die gepressten Blüten, um Tischsets oder Untersetzer aus Pappe zu verzieren. Um die Blüten zu schützen, solltest du sie aber immer mit Folie überkleben.

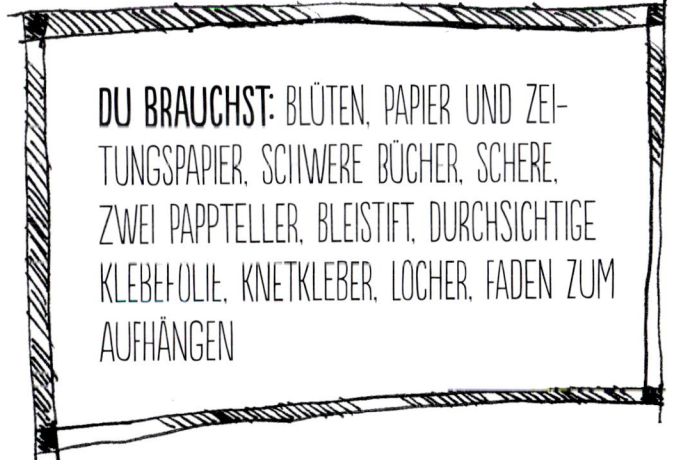

**Tipp: Den Rahmen kannst du natürlich
auch noch anmalen und verzieren.**

Für Besserwisser:

Blütenblätter sind hübsch anzusehen, aber hast
du mal darüber nachgedacht, welche Funktion sie
haben? Tatsächlich sind Blüten besonders auffäl-
lige Blätter, mit deren Hilfe die Pflanze Bienen
und Schmetterlinge zum Bestäuben anlockt. Diese
Insekten trinken den **Nektar** und sammeln Blüten-
pollen. Doch wenn sie von Blume zu Blume fliegen, übertragen sie auch etwas von den Pollen und
bestäuben so die Pflanzen. Die so befruchteten
Pflanzen können dann Früchte und **Samen** bilden.

DU BRAUCHST: BLÜTEN, PAPIER UND ZEI-
TUNGSPAPIER, SCHWERE BÜCHER, SCHERE,
ZWEI PAPPTELLER, BLEISTIFT, DURCHSICHTIGE
KLEBEFOLIE, KNETKLEBER, LOCHER, FADEN ZUM
AUFHÄNGEN

DU BRAUCHST:
PLASTIKBECHER,
WASSER, TABLETT MIT
HOHEM RAND ODER
DURCHSICHTIGEN
PLASTIKBEHÄLTER,
GROBES SALZ, LEBENS-
MITTELFARBE, EVTL.
PIPETTE

Tipp: Mit einer Pipette kannst du die Farbe besonders genau auftragen.

Bunte Eisskulptur erschaffen

Eisskulpturen sehen fantastisch aus, die meisten Künstler benutzen für die Herstellung allerdings Hammer und Meißel. Kein Wunder, dass deine Eltern das ein winziges bisschen zu riskant finden. Zum Glück kannst du eine tolle bunte Eisskulptur auch mit einem weniger gefährlichen Werkzeug herstellen: Salz.

Zuerst brauchst du einen Eisblock. Stelle dafür einen großen Plastikbecher mit Wasser über Nacht ins Gefrierfach. Am nächsten Tag legst du ein Tablett mit hohem Rand oder einen durchsichtigen großen Plastikbehälter auf den Tisch, holst den Eisblock aus dem Gefrierfach und stellst ihn darauf. Wenn er sich nicht sofort aus dem Becher lösen lässt, musst du ein paar Minuten warten, bis das Eis am Rand etwas geschmolzen ist.

Streue etwas grobes Salz auf den Eisblock. Nach ein paar Minuten siehst du, wie das Eis zu schmelzen beginnt. Jetzt kannst du deine Skulptur färben, indem du vorsichtig etwas Lebensmittelfarbe oben auf den Block tröpfelst. Du siehst, wie die Farbe in die aufgetauten Rillen läuft und bunte Blitze formt.

Wenn du mit deiner Eisskulptur zufrieden bist, hole schnell die anderen an den Tisch, dann habt ihr während des Essens eine eindrucksvolle Tischdekoration. Vielleicht ist es am besten, ihr bleibt bei der Wahl der Gerichte gleich beim Thema und lasst euch Eiscreme, Eistorte und Eis am Stiel schmecken.

Für noch mehr Chaos:

Versuche das **Experiment** auch mit feinem anstelle von grobem Salz. Welchen Unterschied macht das – und warum denkst du, ist das so? Du kannst auch gefärbtes Wasser in Cupcake-Förmchen aus Silikon oder einem Eiswürfelbehälter einfrieren. Mit den bunten Formen lässt sich deine Eisskulptur schön dekorieren.

Für Besserwisser:

Salz verringert den **Schmelzpunkt** von Wasser. Das **Eis** beginnt zu schmelzen, weil Salzwasser erst bei niedrigeren Temperaturen gefriert. So entstehen Rillen auf dem Eisblock, in die die Lebensmittelfarbe fließen kann.

Schatten-theater bauen

Wenn du düstere Geschichten mit Schatten und dunklen Gestalten magst, ist dieses Theater genau das richtige für dich. Tatsächlich sind hier alle Gestalten dunkel – selbst die Guten sehen ziemlich finster aus.

Suche dir zuerst einen großen Pappkarton. Die Pappe sollte allerdings nicht allzu dick sein, sonst ist sie sehr schwer zu schneiden. Entferne zuerst hinten und vorne die oberen Klappen und schneide auch die Vorderseite des Kartons heraus. Nun lege ihn so hin, dass die seitlichen Klappen als Stütze abstehen und die Rückseite des Kartons zu dir zeigt. Auf diese Seite zeichnest du den Umriss für den Theaterrahmen – schlicht oder verschnörkelt, ganz wie du willst. Dann den Rahmen ausschneiden.

Schneide von einer der abgetrennten Seitenklappen einen Streifen ab und klebe ihn zur Verstärkung unten hinter den Rahmen. Dann klebst du Butterbrotpapier oder Transparentpapier von hinten gegen die Öffnung, sodass du nun eine Art Bildschirm hast (siehe Zeichnung).

Figuren und Kulissen kannst du selbst entwerfen oder von Bildern abpausen. Dann auf dünne Pappe übertragen und ausschneiden. Die Kulissen werden seitlich und am Boden des Theaters befestigt, die Figuren klebst du mit Klebeband an Strohhalme, Bleistifte oder Holzspieße.

Wenn alles fertig ist, rücke dein Theater an die Tischkante und stelle auf einen zweiten Tisch etwa einen halben Meter hinter dem Theater eine unbedeckte Lampe oder starke Taschenlampe. Die Lampe soll den Bildschirm von hinten beleuchten. Nun geht das Theaterstück los und deine düsteren Gestalten treten auf. Je näher sie am Bildschirm sind, desto kleiner erscheinen sie – wenn du sie weiter weg bewegst, sind sie größer. Und denk dran: Dunkle Geschichten und spannende Märchen kommen immer gut an – solange sie gut ausgehen und die Helden am Ende Licht sehen.

Für noch mehr Chaos:

Du kannst sogar Figuren mit Gelenken machen, wenn du zwei Teile mit einer Musterklammer verbindest und an jedem einen separaten Strohhalm (oder Bleistift oder Spieß) befestigst.

Für Besserwisser:

Schatten ist da, wohin kein **Licht** fällt. Licht breitet sich in geraden Strahlen aus. Wenn du die Figuren oder Kulissen vor die Lichtquelle hältst, blockieren sie die Lichtstrahlen. Dieselbe Form erscheint als Schatten auf dem Bildschirm. Wenn die Figuren dicht vor die Lichtquelle gehalten werden, blockieren sie mehr Strahlen, und der Schatten erscheint größer.

Tipp: Für den Kulissenwechsel kannst du seitlich am Karton Schlitze einschneiden und dort die verschiedenen Kulissen hinein- und hinausschieben.

So baust du das Theater:

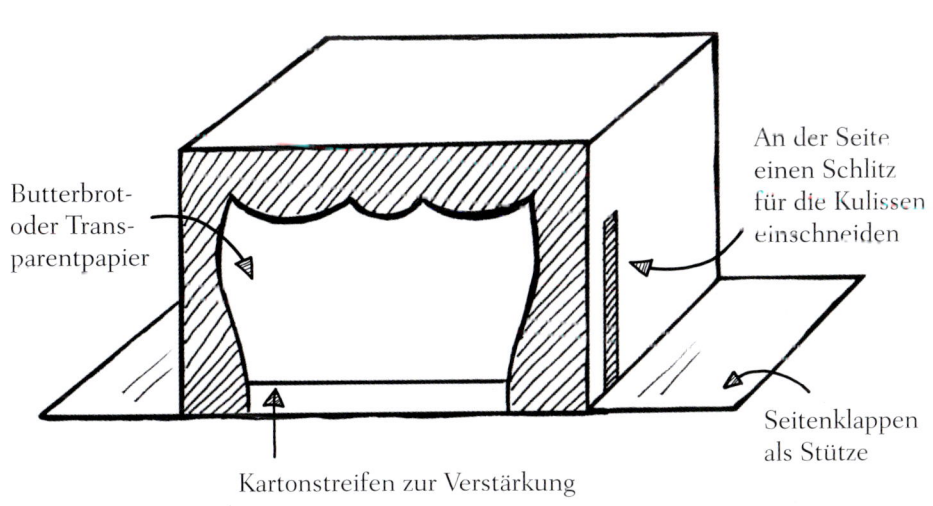

Butterbrot- oder Transparentpapier

An der Seite einen Schlitz für die Kulissen einschneiden

Kartonstreifen zur Verstärkung

Seitenklappen als Stütze

DU BRAUCHST: PAPP-KARTON, SCHERE, BLEISTIFT, KLEBEBAND, BUTTERBROT-PAPIER ODER TRANSPARENT-PAPIER, DÜNNE PAPPE, STROHHALME, BLEISTIFTE ODER HOLZSPIESSE, LAMPE ODER STARKE TASCHEN-LAMPE

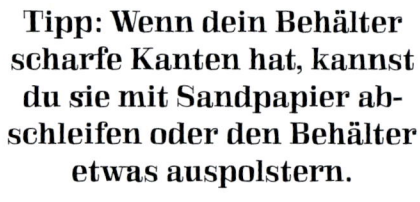

Tipp: Wenn dein Behälter scharfe Kanten hat, kannst du sie mit Sandpapier abschleifen oder den Behälter etwas auspolstern.

Wasser-bomben schleudern

Kennst du das, wenn ihr eine Wasserschlacht macht, und jemand ist zu weit weg, um getroffen zu werden, oder weicht ständig aus? Und derjenige steht dann da und grinst, schneidet Grimassen und sieht sehr selbstgefällig aus? Für solche Fälle brauchst du eine Wasserbombenschleuder. Denn, wenn dir die Wissenschaft nicht helfen kann, deine Familie und Freunde nass zu machen, wozu soll sie dann gut sein?

Zuerst musst du einen Hebel finden. Der Hebel muss lang und stabil sein und flach aufliegen, wie zum Beispiel ein Brett. Außerdem brauchst du einen Behälter für die Wasserbomben. Eine runde Plastikschüssel ist gut geeignet, doch du kannst auch mit anderen Behältern **experimentieren**. Der Behälter darf nur keine spitzen Kanten haben, an denen die Wasserbombe hängen bleiben kann – sonst bist du nachher der Einzige, der nass wird. Befestige den Behälter mit Isolierband an dem Hebel. Nun fehlt nur noch ein **Drehpunkt**, wie eine Dose oder ein Balken, auf dem der Hebel aufliegt.

Nun kannst du die Wasserbombenschleuder testen. Lege eine gefüllte Wasserbombe in den Behälter und tritt dann fest auf das andere Ende des Hebels. Wenn der Hebelpunkt näher an dem Ende ist, auf das du trittst, wird die Wasserbombe weit fliegen.

Liegt er aber näher am Behälter, überträgst du mehr **Energie**, und die Bombe fliegt höher (immer gut, wenn man jemanden treffen will, der nicht damit rechnet). Wie auch immer – niemand wird mehr lange herumstehen und selbstgefällig aussehen.

Für noch mehr Chaos:

Verschiebe den Hebelpunkt und miss, wie weit und wie hoch die Wasserbomben jeweils fliegen. Wenn du die Distanzen an der Seite des Brettes markierst, kannst du deinen Angriff besser planen.

 Für Besserwisser:

Ein Hebel kann sich um einen **Drehpunkt** herumbewegen. Auf die eine Seite des Hebels muss eine **Kraft** (in diesem Fall dein Fußtritt) einwirken, um ein Objekt (die Last) auf der anderen Seite des Drehpunktes anzuheben. Wenn du den Drehpunkt verschiebst, kannst du die Kraft verringern, die du brauchst, um eine Last anzuheben oder eine Wasserbombe zu schleudern.

Jemanden in einen Käfig sperren

Ja tatsächlich, du kannst deine Schwester* in einen Käfig sperren. Dazu brauchst du ein Ding, das **Thaumatrop** genannt wird. Leider ist es nur eine optische Illusion und kein echter Käfig. Dafür kannst du dir noch andere Sachen ausdenken, wenn es dir Spaß macht: Du kannst sie von einem Monster fressen lassen, in einen See voller Aale stecken oder sie in ein Huhn verwandeln. Wusste ich doch, dass dir das gefällt.

Um dein Thaumatrop zu basteln, benutze eine Tasse oder ein Glas als Schablone und schneide eine Scheibe aus dicker Pappe aus. Wenn du nur dünne Pappe hast, solltest du mehrere Scheiben ausschneiden und übereinanderkleben.

Auf eine Seite der Pappscheibe malst du ein Bild deiner Schwester. Falls du ein Foto von ihr findest, das gut auf die Scheibe passt, kannst du auch das benutzen. Dann drehst du die Scheibe um und malst die Stäbe eines Käfigs auf die andere Seite.

Loche die Scheibe mit einem Locher an beiden Seiten und schneide dann zwei Stücke Schnur von etwa 50 cm Länge ab. Fädele sie durch die Löcher, sodass du an jeder Seite eine doppelte Schnur hast (siehe Zeichnung).

Dann kannst du die Scheibe eindrehen – am besten geht es, wenn du beide Schnurenden festhältst und die Scheibe wie ein Springseil herumschwingst. Wenn die Schnur mehrfach verdreht ist, bewegst du die Hände auseinander. Die Schnur dreht sich aus und wirbelt dabei die Scheibe so schnell herum, dass die Bilder auf beiden Seiten zu einem verschmelzen und du deine Schwester in einem Käfig siehst – wo sie hingehört!

*Dieser Trick funktioniert nicht nur bei Schwestern. Du kannst jeden in einen Käfig stecken – das ist total gerecht.

Für noch mehr Chaos:

Zeichne anstelle der Käfigstäbe alle möglichen Szenen auf die Rückseite der Scheibe. Du kannst natürlich auch Dinge malen, die nichts mit deiner Schwester zu tun haben. Obwohl …

So machst du das Thaumatrop

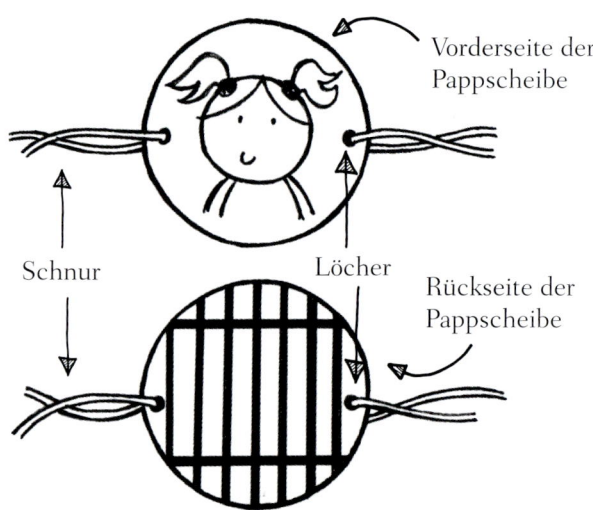

Vorderseite der Pappscheibe

Schnur

Löcher

Rückseite der Pappscheibe

 ## Für Besserwisser:

Die **Retina** (Netzhaut) ist ein Teil des Auges. Hier werden die Bilder, die du siehst, in elektrische Signale umgewandelt, die dann über die **Nerven** an dein Gehirn gesendet werden. Die Bilder bleiben jedoch bis zu einer Zehntelsekunde auf der Netzhaut. Wenn das **Thaumatrop** herumwirbelt, wechseln die Bilder schneller. So wird das Auge ausgetrickst und nimmt zwei Bilder als eines wahr. Das nennt man **Nachbildwirkung**.

DU BRAUCHST: TASSE ODER GLAS ALS SCHABLONE, FESTE PAPPE ODER DÜNNE PAPPE UND KLEBER, SCHERE, STIFTE, LOCHER, SCHNUR

Tipp: Denk daran, dass sich das Thaumatrop von oben nach unten dreht. Deshalb muss das Bild auf der Rückseite auf dem Kopf stehen.

Tipp: Wenn du deinen gefärbten Stoff später waschen willst, verwende ein mildes Waschmittel und wasche ihn getrennt von anderer Kleidung.

DU BRAUCHST: NATÜRLICHEN FARBSTOFF WIE TEE ODER BROMBEEREN, TÖPFE, GUMMIHANDSCHUHE, KOCHENDES WASSER (UND EINEN ERWACHSENEN), WEISSEN STOFF, ELASTIKBAND, WACHSDECKE, SIEB

Mit Naturfarben färben

Es gibt jede Menge Naturfarben. Wenn du wissen willst, wie viele, brauchst du nur ein weißes T-Shirt anzuziehen und zu zählen, wie oft deine Eltern „Vorsicht, das macht Flecken!" rufen.

Wenn du das Färben etwas *kontrollierter* angehen willst, musst du zuerst Farben herstellen. Gute Naturfarben sind zum Beispiel schwarzer Tee (braun), Kurkuma (gelb) und Brombeeren (lila). Nimm für jede Farbe einen Topf, zieh dir Gummihandschuhe an und gib dein Färbemittel hinein – beispielsweise 5–6 Teebeutel, zwei Teelöffel Kurkuma oder ein paar Handvoll Brombeeren. Dann bittest du einen Erwachsenen, in jeden Topf etwa 750 ml kochendes Wasser zu gießen. Lass alles eine halbe Stunde lang stehen, damit die Farbe freigesetzt wird und die Mischung abkühlt.

Nun fragst du den Erwachsenen nach weißem Stoff. Vielleicht darfst du das weiße T-Shirt nehmen, auf dem sowieso schon ein halbes Dutzend Flecken sind, oder alte Bettlaken oder Kopfkissen zerschneiden. Der Stoff muss sauber und nass sein. Knülle, falte oder drehe ihn zusammen und wickele Elastikband darum.

Bevor du mit dem Färben anfängst, musst du alle Oberflächen schützen. Überprüfe zweimal, ob alles abgedeckt ist. Und noch ein drittes Mal. Sieh nach, ob du die Gummihandschuhe trägst. Und dann geh doch raus und mache am besten alles draußen. Tut mir leid, ich bin da einfach misstrauisch.

Wenn du weit entfernt von allen kostbaren Dingen bist, kannst du deinen weißen Stoff in die Töpfe legen (die Teebeutel nimmst du vorher heraus, die Brombeerfarbe gießt du durch ein Sieb). Lass ihn so lange drin, bis dir die Farbe gefällt – mindestens eine halbe Stunde. Dann nimmst du ihn heraus, entfernst die Gummibänder und spülst alle überschüssige Farbe in kaltem Wasser aus. Hänge den gefärbten Stoff zum Trocknen auf und sieh nach, ob deine eigenen Kleider nichts abgekriegt haben. Atme erleichtert auf.

Für noch mehr Chaos:

Probiere auch andere natürliche Färbemittel aus. Wenn die Farbe nicht im Stoff bleiben will, weiche ihn vorher in einer Salz**lösung** ein. Salz ist ein Beizmittel, das hilft, die Farb**moleküle** mit den **Fasern** zu verbinden.

Für Besserwisser:

In vielen Pflanzen sind Stoffe enthalten, die Flecken machen oder färben. Die verschiedenen **Fasern** in unterschiedlichen Materialien können stärkere oder schwächere Verbindungen mit den Farb**molekülen** (die natürlich färbenden Teilchen in den Pflanzen) eingehen, sodass die Farbe heller oder dunkler wird.

Pflanzen-Memo spielen

Es ist gar nicht so einfach, sich die Namen der verschiedenen Bäume oder die Unterschiede zwischen Pflanzen zu merken. Wenn es allerdings bedeutet, dass du deinen Bruder bei einem Spiel besiegen kannst, wird es leichter (und wichtiger).

Miss deinen Tonkarton aus und markiere die Mitte oben und unten mit Bleistift, dann ziehst du eine Mittellinie zwischen den beiden Punkten. Zieh ebenso Linien zwischen der Mittellinie und den Seiten und eine horizontale Linie in der Mitte (siehe Zeichnung).

Schneide entlang der Markierungen acht Karten aus und mache dasselbe mit drei weiteren Blättern, sodass du am Ende 32 Karten hast.

Nun musst du 16 Paare von Pflanzenteilen finden, die du auf die Karten kleben kannst. Sieh dich im Garten um oder sammle beim nächsten Spaziergang geeignete Blüten oder Blätter. Achte darauf, dass die beiden zusammengehörigen Teile etwa dieselbe Größe, Farbe und Form haben und dass sie auf die Karte passen.

Nun musst du deine Fundstücke pressen (siehe Seite 142) und ein paar Wochen warten.

Wenn alles fertig gepresst ist, klebst du jedes getrocknete Blatt oder jede Blüte mit einem Tropfen Leim auf eine Karte und schreibst den Namen der Pflanze darunter. Und damit die Pflanzen auch bei wilderen Spielen geschützt sind, nimm eine Karte als Schablone und schneide passende Rechtecke aus selbstklebender Folie aus. Entferne das Schutzpapier und klebe ein Stück Folie auf jede Karte.

Wenn ihr mit den Karten spielen wollt, mischt sie gut und legt sie mit den Bildern nach unten auf den Tisch. Der erste Mitspieler dreht nun zwei Karten um – passen sie zusammen, kann er sie behalten und weiterspielen. Sind sie verschieden, ist der nächste Spieler an der Reihe. Wer zuletzt die meisten Paare hat, gewinnt.

Für noch mehr Chaos:

Wenn du vier Karten von jeder Sorte machst, kannst du die Schwierigkeit erhöhen, da man immer vier gleiche Karten finden muss.

 Für Besserwisser:

Du kannst verschiedene Pflanzen unterscheiden, wenn du ihre Blüten und Blätter genau ansiehst. Willst du sie exakt bestimmen, achte auf Anzahl, Größe und Anordnung der **Blütenblätter**, Form, Farbe und Anordnung der Blätter und darauf, ob die Blätter behaart sind oder nicht.

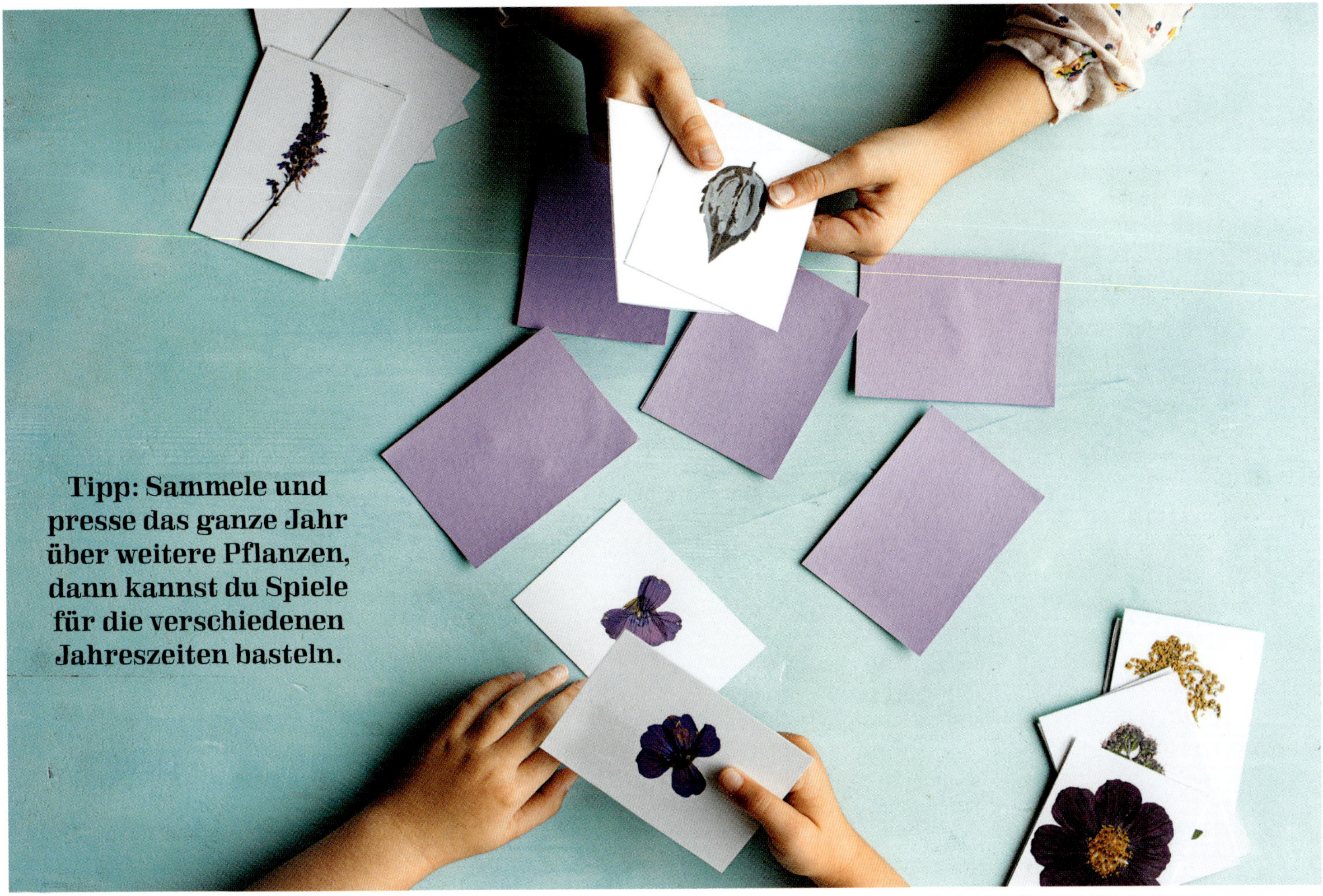

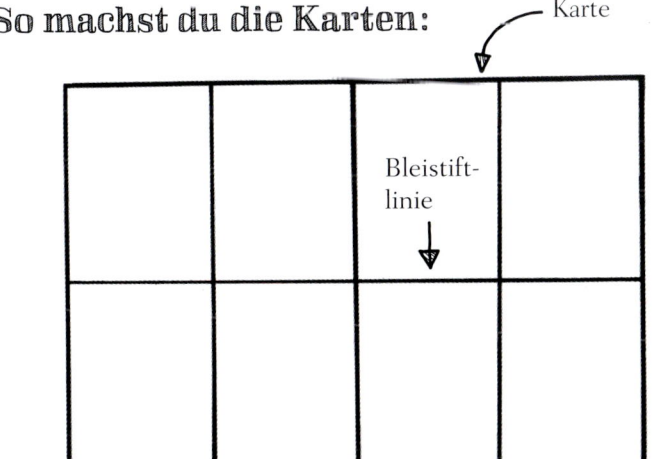

Tipp: Sammele und presse das ganze Jahr über weitere Pflanzen, dann kannst du Spiele für die verschiedenen Jahreszeiten basteln.

So machst du die Karten:

Karte

Bleistift-linie

Mond- phasen bestimmen

Dieses Projekt solltest du am besten machen, wenn die Tage sehr lang sind. Dann hast du nämlich eine tolle Ausrede, wenn du ins Bett gehen sollst: „Ich würde liebend gerne schlafen gehen, aber ich muss warten, bis es dunkel ist, damit ich die Mondphase bestimmen kann. Eine abnehmende Sichel, wenn mich nicht alles täuscht."

Deine Eltern werden bestimmt so verblüfft sein, dass sie dich nicht nur aufbleiben lassen, sondern dir auch noch heiße Milch und einen Keks geben.

Für dieses bedeutende astronomische Werk brauchst du einen Block mit Klebezetteln oder einen normalen kleinen Block. Fang vorne an und arbeite dich durch das Buch, indem du in jeder unteren rechten Ecke einen Kreis einzeichnest (mit einer großen Münze als Schablone). Für eine komplette Mondumlaufbahn brauchst du 30 Seiten.

Nun kannst du bis zum nächsten Vollmond warten, du kannst aber auch gleich anfangen. Gehe nach draußen und schaue nach, wie viel vom Mond im **Schatten** liegt. Dann male den Kreis auf der ersten Seite entsprechend an. Du kannst auch das Datum daneben schreiben und notieren, in welcher Phase sich der Mond befindet (siehe rechte Seite).

Das machst du nun einen Monat lang jeden Abend, bis dein Buch voll ist.

Wenn du jetzt die Mondphasen in Aktion erleben möchtest, musst du die heiße Milch und den Keks hinstellen (tja, tut mir leid) und deinen Block in der rechten unteren Ecke anfassen. Bewege deinen Daumen langsam nach unten und lass dabei die Seiten schnell nacheinander los. Du siehst, wie sich der Mond verändert: von Neumond zum Neulicht, zunehmender Sichel, zunehmendem Halbmond, zunehmendem ¾ Mond, Vollmond, abnehmendem ¾ Mond, abnehmendem Halbmond, abnehmender Sichel und Altlicht.

Für noch mehr Chaos:

Falls das deinen Eltern zu schnell geht und sie nicht folgen können, bitte sie, dir noch ein paar von den köstlichen runden Keksen zu geben. Erkläre ihnen mithilfe der Kekse die Mondphasen. So kommst du auf leckere Weise vom vollen Mond zum vollen Magen.

Für Besserwisser:

Der Mond ist eine Kugel, die in 29,5 Tagen einmal um die Erde wandert. Auf seiner Umlaufbahn (Orbit) wird er aus verschiedenen Winkeln von der Sonne beschienen. Bei Neumond befindet sich der Mond zwischen der Erde und der Sonne, sodass die Seite, die uns zugewandt ist, kein direktes Sonnenlicht bekommt. Wandert der Mond weiter um die Erde, bekommt die uns zugewandte Seite mehr und mehr Sonnenlicht. Etwas später ist er dann auf der anderen Seite der Erde – und die Seite, die wir sehen, wird voll von der Sonne beleuchtet. Es ist Vollmond.

Die Mondphasen:

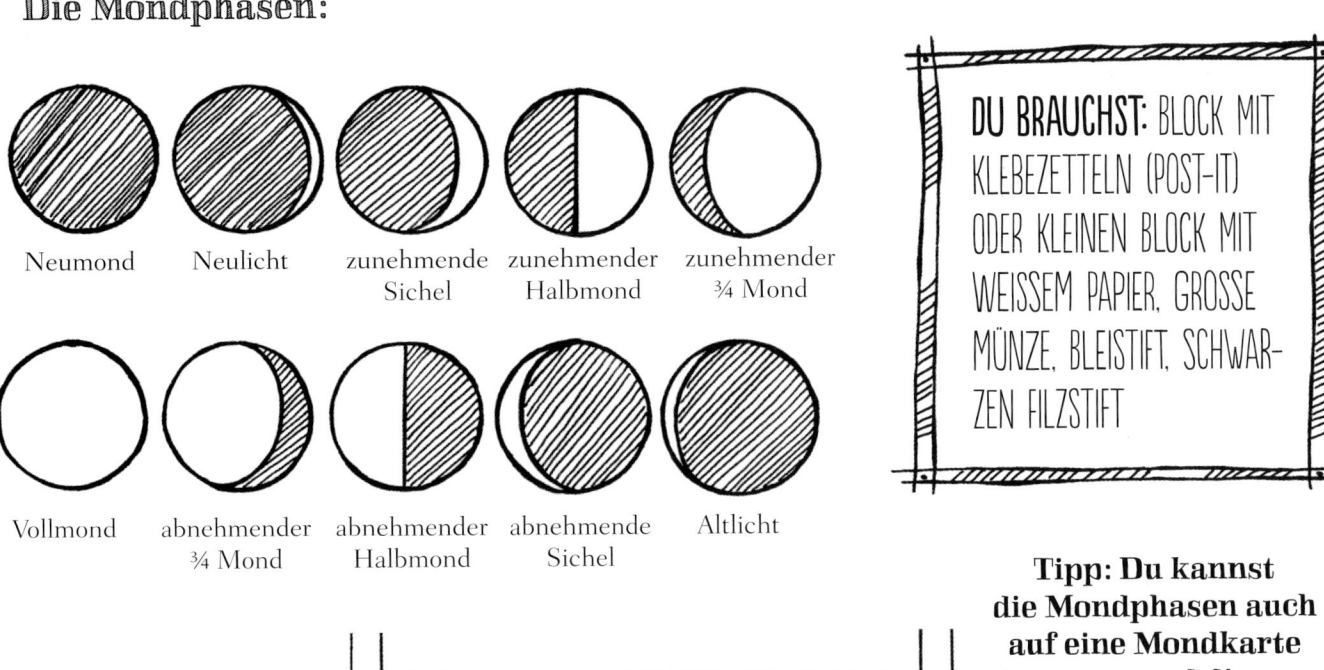

| Neumond | Neulicht | zunehmende Sichel | zunehmender Halbmond | zunehmender ¾ Mond |

| Vollmond | abnehmender ¾ Mond | abnehmender Halbmond | abnehmende Sichel | Altlicht |

DU BRAUCHST: BLOCK MIT KLEBEZETTELN (POST-IT) ODER KLEINEN BLOCK MIT WEISSEM PAPIER, GROSSE MÜNZE, BLEISTIFT, SCHWARZEN FILZSTIFT

Tipp: Du kannst die Mondphasen auch auf eine Mondkarte eintragen und diese an die Wand hängen.

Mobile aus Zweigen aufhängen

Es ist gar nicht so einfach, den eigenen **Schwerpunkt** zu finden – frag mal einen Seiltänzer. Nein, nicht während er gerade auf dem Seil tanzt! Weißt du was, statt Seiltänzer zu interviewen, kannst du auch ein Mobile aus Zweigen basteln, wenn du etwas über den Schwerpunkt herausfinden willst.

Dafür musst du dir zuerst ein paar Zweige suchen. Heruntergefallene Zweige findest du unter Bäumen. Brich keine frischen Zweige ab – die braucht der Baum noch. Suche nach Zweigen in unterschiedlichen Größen, dabei sollten jeweils zwei ähnlich groß sein.

Um die Zweige bunter zu machen, umwickelst du sie mit Wolle. Binde einen Wollfaden an einem Ende fest und wickele ihn um den Zweig. Wenn du die Farbe wechseln möchtest, schneide den Faden ab, knote einen neuen in einer anderen Farbe an und wickele weiter. Versuche dabei, die Knoten unter den Fäden zu verstecken, dann sieht es ordentlicher aus.

Während du an dem Mobile arbeitest, musst du es irgendwo aufhängen. Gut geeignet ist dafür ein Besenstiel oder Stock, den du über zwei Stuhllehnen legst. Fang mit einem einzelnen großen Zweig an. Forme einen Kreis aus Daumen und Zeigefinger und bewege den Zweig darin hin und her, bis er gut ausbalanciert ist. Der Punkt, an dem er jetzt aufliegt, ist der Schwerpunkt – an dieser Stelle bindest du einen Wollfaden fest. Das andere Ende des Fadens knüpfst du an den Besenstiel. Falls der Zweig an einer Seite heruntersackt, verschiebe den Knoten, bis er gerade hängt.

Suche dir nun zwei kleinere Zweige, ermittle wieder den Schwerpunkt und knote dort einen Wollfaden fest. Dann bindest du einen Zweig an die eine und den anderen an die andere Seite des großen Zweiges. Wenn einer der kleinen Zweige den großen herunterzieht, verschiebe ihn etwas nach innen zum Schwerpunkt des großen Zweiges hin. Dort ist die **Kraft**, die nach unten zieht, nicht so stark. Ist einer der Zweige zu leicht, verschiebe ihn etwas nach außen. Du kannst noch weitere Zweige hinzufügen, bis du mit deinem Mobile zufrieden bist. Am Schluss bist du so geübt im Finden von Schwerpunkten, dass du mit dem Seiltanzen anfangen kannst.

Für noch mehr Chaos:

Du kannst das Mobile auch noch verzieren, indem du Sachen an die Zweige hängst. Leichte Objekte wie Federn oder gelochte Blätter stören die Balance kaum, schwerere Objekte wie Tannenzapfen müssen sorgfältig ausbalanciert werden, damit das Mobile nicht zu einer Seite absackt.

Tipp: Es hilft, wenn ein Freund den großen Zweig gerade hält, während du kleinere Zweige an den Seiten anbindest.

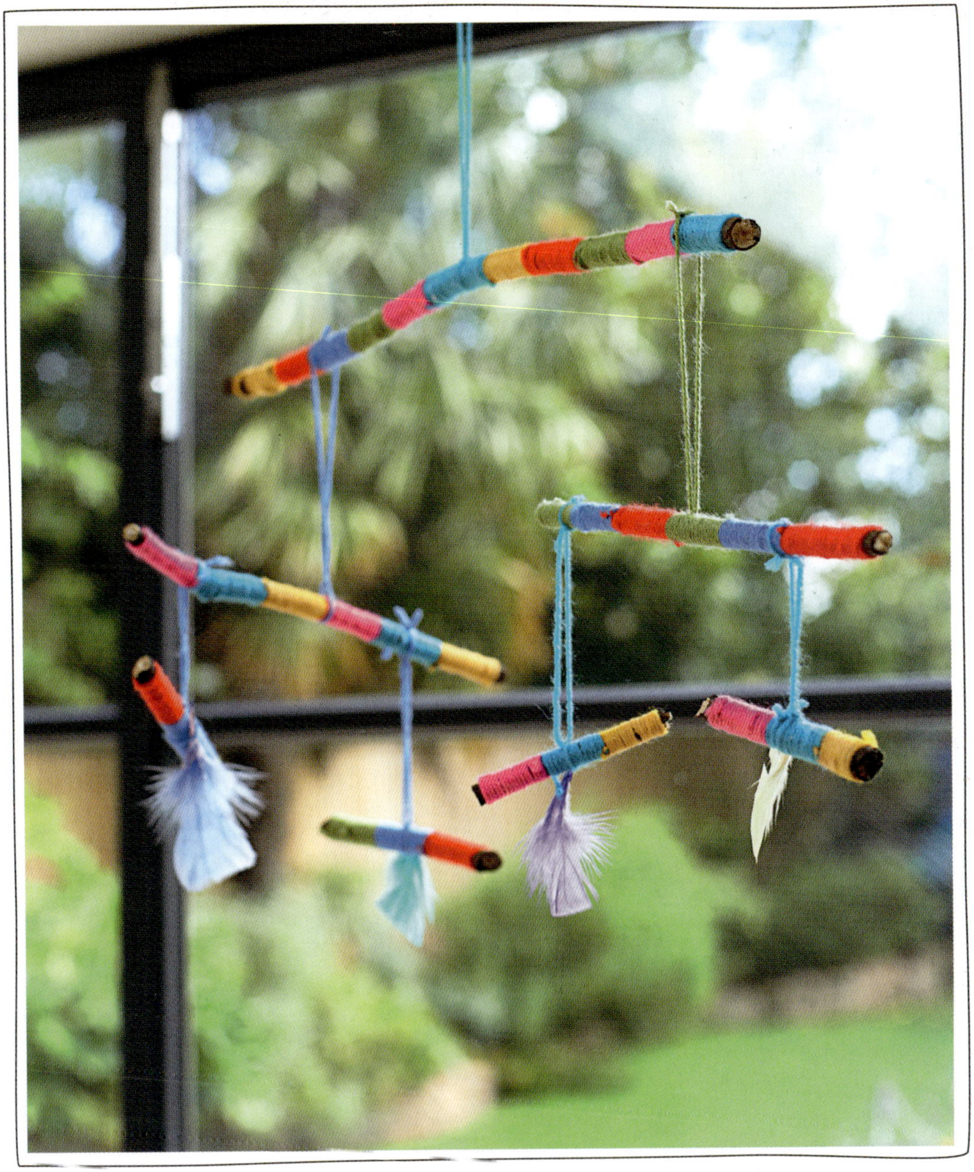

 **Für Besserwisser:**

Der **Schwerpunkt** ist der Punkt, an dem ein Objekt perfekt im Gleichgewicht ist. Da die Zweige nicht gleichförmig in der Form und **Masse** sind, wird der Schwerpunkt bei ihnen nicht unbedingt in der Mitte liegen. Du kannst an die Seiten der Zweige verschieden schwere Objekte hängen. Das geht, weil ein Objekt, das näher am Schwerpunkt hängt, weniger **Dreh**kraft ausübt als eines, das weiter außen hängt. So kannst du unterschiedlich schwere Dinge ausbalancieren.

Tipp: Es hilft, wenn du die Linien deiner Buchstaben oder Zeichnung mehrfach nachziehst.

DU BRAUCHST: NATRON, WASSER, SCHÜSSELN, WATTESTÄBCHEN ODER „STIFT" AUS PLASTIK (PLASTIKBESTECK, GRIFFEL ETC.), WEISSES PAPIER, ROTKOHL, KOCHENDES WASSER (UND EINEN ERWACHSENEN), SIEB, PINSEL

Mit unsichtbarer Tinte schreiben

Manchmal ist es besser, wenn keiner sehen kann, was du schreibst. Zum Beispiel falls du einen Plan machst, um deinen Bruder in Schwierigkeiten zu bringen, falls du eine Falle skizzierst oder überlegst, wie du die Weltherrschaft übernehmen könntest. Und das ist nur, was mir auf die Schnelle einfällt.

Für solche Fälle ist unsichtbare Tinte sehr praktisch.

Du kannst dir deine eigene Geheimtinte zusammenbrauen, indem du ein paar Esslöffel Natron in ein Schälchen gibst und dann einen oder zwei Teelöffel Wasser unterrührst.

Schreibe deine Geheimbotschaft (oder zeichne deine miese Falle), indem du ein Wattestäbchen in die „Tinte" tauchst und damit auf weißes Papier malst. Falls die Schrift feiner werden soll, benutze einen Gegenstand aus dünnem Plastik zum Auftragen der Geheimtinte. Trocknet die Tinte, wird die Botschaft wie durch Zauberhand verschwinden, und niemand kann dir mehr auf die Schliche kommen.

Natürlich müssen deine genialen Pläne später von dir und deinen Komplizen wieder sichtbar gemacht werden, damit ihr sie ausführen könnt. Deshalb brauchst du eine Art „Enthüllungs-Farbe". Dafür zerreißt du ein paar Rotkohlblätter und legst sie in eine Schüssel. Bitte einen Erwachsenen, etwas kochendes Wasser über die Blätter zu gießen, um ihre magische lila Farbe zu **lösen**. Und wenn jemand misstrauisch wird, sagst du einfach: „Ich hatte plötzlich Lust auf ein köstliches Kohlgetränk!", so überzeugend wie möglich.

Sobald das Wasser abgekühlt ist, gieße alles durch ein Sieb, sodass nur noch die rote **Flüssigkeit** übrig bleibt. Nimm einen Pinsel und male mit der Rotkohlfarbe über das Papier – deine Geheimpläne werden sichtbar.

Achtung: Rotkohlsaft macht Flecken, also pass auf, dass er nicht an deine Kleidung oder an sonstige wertvolle Dinge kommt. Sonst wird nichts sichtbar außer der Tatsache, dass du mächtig Ärger kriegst.

Für noch mehr Chaos:

Versuche doch mal, eine Geheimbotschaft mit Zitronensaft oder weißem Essig zu schreiben. Was passiert, wenn du mit der Rotkohlfarbe darüber malst?

 Für Besserwisser:

Rotkohlsaft wirkt als **Indikator** – in ihm sind Stoffe enthalten (sogenannte **Anthocyane**), die mit dem **Alkali** (Natron) reagieren. Dabei wechseln sie die Farbe von Lila zu Blaugrün und deine Nachricht wird sichtbar. Rotkohlsaft reagiert auch mit **Säuren** wie Essig oder Zitronensaft – dann wird er rot.

Windmühle bauen

Windmühlen werden benutzt, um Korn zu mahlen, Wasser zu pumpen oder Elektrizität zu erzeugen. Aber die, die wir bauen wollen, dient einem viel wichtigeren Zweck: Sie kann Süßigkeiten transportieren.

Als Erstes musst du den Körper der Windmühle basteln. Dafür kannst du eine schmale Kiste, einen großen Becher oder einen Saftkarton benutzen – der Behälter muss nur schmal genug sein, sodass du einen Holzspieß hindurchstecken kannst. Der Spieß muss an der anderen Seite wieder herauskommen und sich leicht drehen lassen.

So machst du die Flügel: Schneide aus Tonkarton oder dünner Pappe ein Quadrat von 21 x 21 cm Kantenlänge aus. Zeichne mithilfe eines Lineals zwei diagonale Linien von Ecke zu Ecke. Miss an jeder Linie 3 cm von der Mitte aus ab und schneide die Linien bis zu diesem Punkt ein (siehe Zeichnung). Stich nun in jedes Dreieck in der Ecke ein Loch, indem du eine Sicherheitsnadel oder Reißzwecke hindurchpikst (am besten legst du die Pappe dazu auf ein Stück Knete). Auch in die Mitte stichst du ein Loch.

Fädele eine Perle auf das spitze Ende des Spießes, das vorne aus der Windmühle herausragt, und stecke dann das Windrad auf den Spieß. Nun faltest du nacheinander die Ecken um und fädelst den Spieß durch die Löcher. Du kannst die Ecken auch in der Mitte festkleben. Wenn du alle Ecken aufgefädelt hast, füge noch eine Perle hinzu und klebe das Windrad mit Knetkleber oder Knete am Spieß fest.

Zum Schluss stichst du ein Loch in einen kleinen Papp- oder Plastikbecher, fädelst einen Faden hindurch und befestigst das andere Ende hinten an dem Holzspieß. Wenn jetzt der Wind bläst und die Segel sich drehen, wird sich der Faden aufwickeln und den Becher anheben. Das ist natürlich noch kein Beweis, dass deine Windmühle richtig funktioniert. Zuerst musst du testen, wie viele Süßigkeiten sie im Becher anheben kann. Trägt sie genug, funktioniert sie.

Für noch mehr Chaos:

Wenn die Windmühle noch besser laufen soll, mache die Löcher größer, sodass du einen Strohhalm hindurchstecken kannst. Durch diesen fädelst du wiederum den Holzspieß. So verringert sich die **Reibung** und beim Drehen des Spießes geht weniger **Energie** verloren.

 Für Besserwisser:

Die Windmühle wandelt die **kinetische Energie** (Bewegungsenergie) in mechanische **Kraft** um, die den Becher anhebt. Das funktioniert, weil die Luft gegen die Flügel drückt, die so geformt sind, dass sich das Windrad dreht. Damit dreht sich auch der Spieß und wickelt dabei die Schnur auf.

So bastelst du das Windrad:

Hier einschneiden bis 3 cm vom Mittelpunkt

Löcher

3 cm

Löcher

21 cm

21 cm

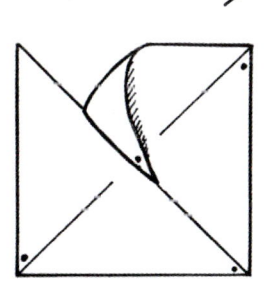

 **Für Besserwisser:**

Solitärbienen sind wichtige Bestäuber – sie fliegen zwischen Pflanzen hin und her, um **Nektar** und **Pollen** zu sammeln. Pollen vom weiblichen Teil der Pflanze (Narbe oder Stigma genannt) bleiben an ihren haarigen Körpern kleben, und einige davon werden auf den männlichen Teil (Staubbeutel oder **Anthere**) übertragen, wenn die Bienen die nächste Pflanze anfliegen (siehe auch Seite 195). So findet **Bestäubung** statt.

DU BRAUCHST: DOSE, HOHLE STÄNGEL, SCHERE, SCHNUR

Tipp: Du kannst die Außenseite der Dose mit Acrylfarben bemalen.

Bienenhotel einrichten

Isst du gerne Erdbeeren, Äpfel, Gurken, Blaubeeren und andere köstliche Früchte, Gemüse und Nüsse? Dann schuldest du den Bienen ein großes Dankeschön. Denn wenn sie die Pflanzen nicht **bestäuben** würden, müsstest du auf all diese leckeren Sachen verzichten. Willst du ihnen dafür nicht ein Hotel bauen? Das wäre doch wirklich ein GROSSES Dankeschön.

Keine Angst, es ist nicht so schwer, wie es klingt. Normalerweise leben Bienen in Schwärmen mit Tausenden von Schwestern und Brüdern, während Hummeln sich Nester graben, in denen einige Hundert von ihnen wohnen. Doch wir bauen ein Hotel für die, die allein leben wollen – sogenannte Solitärbienen.

Suche dir zuerst eine leere, saubere Dose. Außerdem brauchst du hohle Pflanzenstängel, die innen einen **Durchmesser** von 2 bis 8 mm haben. Am besten ist es, wenn du Stängel in verschiedenen Größen findest, denn das wird unterschiedliche Bienenarten anzichen. Die Stängel schneidest du mit einer Schere auf die Länge der Dose zu. Bambusstäbe sind ebenfalls gut geeignet, doch dann muss ein Erwachsener beim Schneiden helfen, da sie sehr hart sind und man spezielle Werkzeuge braucht.

Packe deine Stängel dicht an dicht in die Dose, damit ein frecher Vogel oder ein Eichhörnchen keine Chance hat, sie herauszuziehen. Dann binde eine Schnur um die beiden Enden der Dose. Hänge das Insektenhotel an eine Stelle im Garten, an der es warm, sonnig und windgeschützt ist.

Im Frühling und Sommer kannst du beobachten, wie einzelne Bienen in das Hotel einziehen. Dafür gibt es Anzeichen – nein, keine Koffer, die vor dem Eingang stehen. Doch wenn eine Biene eingezogen ist und Eier gelegt hat, wird sie ihren Stängel am Ende versiegeln. Das Material, das die Biene dafür benutzt, gibt Hinweise auf die Bienenart. Sind es Blätter, handelt es sich um eine Blattschneiderbiene. Eine Mauerbiene nutzt dagegen Schlamm, die Wollbiene feine Haare und die Kakaobiene Schokolade.*

*Okay, okay – das Letzte habe ich mir ausgedacht.

Für noch mehr Chaos:

Baue mehrere Bienenhotels mit verschieden großen Stängeln und hänge sie in unterschiedlicher Höhe und mit unterschiedlicher Ausrichtung auf. In welches Hotel ziehen die meisten Bewohner ein und warum ist das so? Pflanze auch bienenfreundliche Blumen (siehe Seite 132) in der Nähe des Bienenhotels und beobachte, ob das einen Unterschied macht.

Salzwasser destillieren

Es ist gut zu wissen, wie man Salzwasser destilliert – zum Beispiel wenn man von Piraten ausgesetzt wurde, weil man genervt hat, nun allein in einem Boot auf dem weiten Ozean treibt und kein Trinkwasser hat. Was soll das heißen, das ist weit hergeholt? Weißt du nicht, wie sehr du manchmal nerven kannst?

Also, zurück zum Boot …

Es ist bekannt, dass man Salzwasser nicht trinken darf, deshalb musst du das Salz aus dem Wasser filtern, wenn du auf dem Ozean überleben willst. Zum Glück ist das gar nicht so schwer und funktioniert mit Sonnen**energie**.

Zuerst füllst du etwas Meerwasser in eine Schüssel (doch, die Piraten hätten dir bestimmt eine Schüssel dagelassen) und stellst einen leeren Becher in die Mitte (ich glaube, sie hätten dir auch einen Becher gegeben). Dann legst du Klarsichtfolie über die Schüssel und klebst sie an den Seiten fest (siehe Zeichnung). Lege einen kleinen Stein oder ein anderes Gewicht in die Mitte über den Becher (lass uns einfach mal annehmen, die Piraten hätten dir ein gut ausgerüstetes Boot überlassen, okay?). Nun musst du nichts tun und warten … lange.

Falls du das **Experiment** zu Hause machst, musst du natürlich erst Salzwasser herstellen, indem du ein paar Esslöffel Salz in dem Wasser auflöst. Zu Hause kannst du deine Destillationsanlage auch an einen sonnigen Platz stellen und ein paar Stunden lang etwas anderes machen. Falls du aber im Boot bist, bleibt dir nichts zu tun, außer dazusitzen und geduldig zu warten und zu überlegen, ob es vielleicht doch besser gewesen wäre, weniger zu nerven.

Wenn sich etwas Wasser in deinem Becher gesammelt hat, kannst du es probieren – es sollte frisch und nicht mehr salzig schmecken. Wenn nicht, wäre das … na ja … nervig.

Für noch mehr Chaos:

Versuche das Gleiche mit anderen **Flüssigkeiten**, zum Beispiel Orangensaft oder -nektar – was passiert?

So destillierst du Wasser:

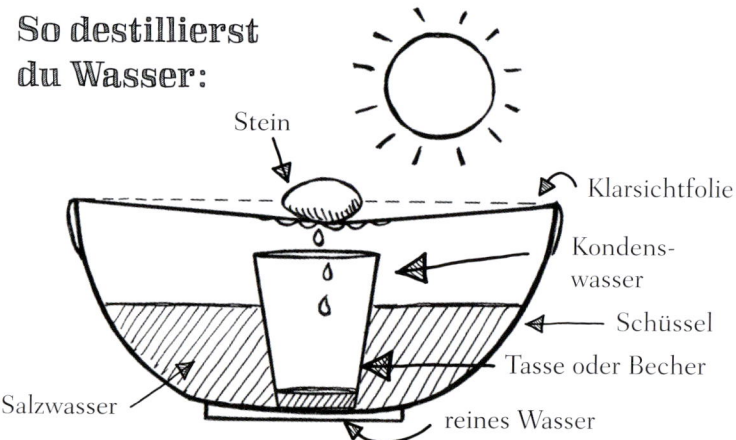

Stein

Klarsichtfolie

Kondenswasser

Schüssel

Tasse oder Becher

Salzwasser

reines Wasser

 ## Für Besserwisser:

Wenn sich das Wasser in der Sonne erwärmt, **verdunstet** es und wird zu einem **Gas**, das aufsteigt und sich an der Klarsichtfolie sammelt. Dort kühlt es wieder ab und wird erneut zu Wassertropfen – diesen Prozess nennt man **Kondensation**. Schließlich bringt die **Schwerkraft** die Wassertropfen dazu, an der Folie in Richtung des Steins herunterzulaufen. Dort fallen sie in den Becher. Das Salz verdunstet nicht, sondern bleibt in der Schüssel zurück.

Tipp: Wenn die Klarsichtfolie nicht an der Schüssel haftet, klebe sie mit Klebeband fest.

Flaschengarten anlegen

Falls du wenig Platz zum Pflanzen hast, guck dir den Trick von den Wolkenkratzern ab und baue deinen Garten einfach in die Höhe. Dann hast du einen supermodernen Pflanzturm, in dem sich wunderbar Obst, Salat und Gemüse ziehen lassen.

Nimm die erste Flasche, lass den Deckel darauf und stich mit einer Sicherheitsnadel oben kleine Löcher hinein, damit das Wasser ablaufen kann. Dann die Löcher mit einem Kugelschreiber erweitern.

Danach schraubst du den Deckel ab und drückst die Flasche flach, damit du unten und im oberen Drittel der Flasche jeweils einen Schnitt machen kannst. Bringe die Flasche wieder in Form und nutze den unteren Schnitt, um den Boden ganz abzuschneiden. Schneide im oberen Drittel einen Schlitz von 7–9 cm Länge ein und mache von diesem ausgehend je zwei Schnitte von etwa 5 cm nach oben. Überklebe den Schlitz mit Abklebeband. Schraube dann den Flaschendeckel wieder auf, dreh die Flasche um und fülle sie bis 10 cm zum Rand mit Blumenerde (siehe Zeichnung).

Stelle nun die Flasche auf den Boden und binde sie mit Draht an einem sonnigen Platz an einem Zaun oder Gitter fest. Nun kannst du drei bis vier weitere Flaschen auf die erste stellen und sie ebenfalls mit Draht festbinden. Die Flaschen steckst du ohne Deckel ineinander, nachdem du wie bei der ersten den Boden abgeschnitten, einen Schlitz hineingeschnitten und ihn mit Abklebeband überklebt hast. Ablauflöcher musst du nicht bohren.

Dann machst du oben eine Art Trichter, indem du von einer Flasche den Boden abschneidest und den Deckel abschraubst. Stecke diese auf die anderen. Füge noch eine letzte Flasche als Filter hinzu (ebenfalls ohne Boden), in deren Deckel du nur ein einziges Loch bohrst. Fülle ein paar Handvoll groben Sand in die oberste Flasche – dieser filtert das Wasser für deinen Turm.

Achte darauf, dass die überklebten Schlitze aller Flaschen nach vorne zeigen. Dann entfernst du das Klebeband, öffnest die Klappen und bohrst mit dem Finger ein Loch. Setze jeweils eine kleine Pflanze hinein und drücke die Erde darum herum wieder fest.

Nun musst du nur noch die oberste Flasche mit Wasser füllen, dann kannst du die **Schwerkraft** und die Natur den Rest erledigen lassen.

Für Besserwisser:

Pflanzen brauchen Wasser zum Wachsen. Sie **absorbieren** es aus feuchter Erde durch ihre **Wurzeln**. Würde man das Wasser zu schnell in den Turm gießen, würde es sich in der untersten Flasche sammeln. Die Erde in dieser Flasche wäre zu feucht, die in den anderen zu trocken. Außerdem würden die **Nährstoffe** aus der Blumenerde herausgewaschen. Läuft aber das Wasser langsam durch, haben die Wurzeln der oberen Pflanzen mehr Zeit, es aufzunehmen, bevor die **Schwerkraft** es nach unten zieht. Der Sand dient als Filter – er siebt größere **Partikel** aus, die sonst das Loch in der oberen Flasche verstopfen könnten.

Für noch mehr Chaos:

Baue dir mehrere Türme und pflanze in jeden anderes Gemüse. Du kannst auch versuchen, statt kleiner Pflanzen **Samen** in die Erde zu stecken.

DU BRAUCHST: MEHRERE 2-LITER-PLASTIK-FLASCHEN MIT DECKELN, SICHERHEITSNADEL, KUGELSCHREIBER, SCHERE, ABKLEBEBAND, BLUMEN-ERDE, DRAHT, ZAUN ODER RANKGITTER, GROBEN SAND, KLEINE PFLANZEN, KANNE MIT WASSER

So präparierst du die Flaschen:

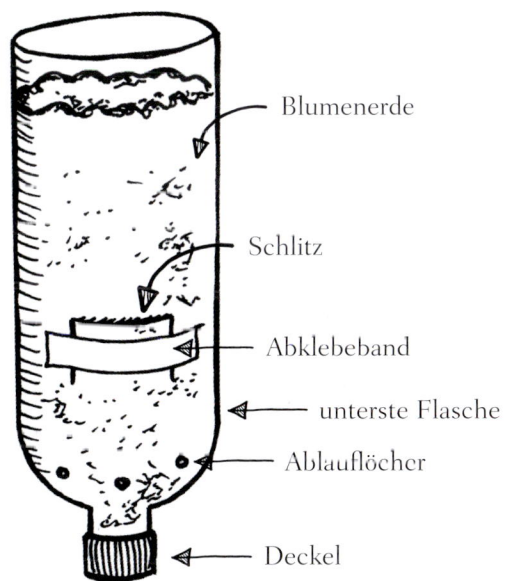

- Blumenerde
- Schlitz
- Abklebeband
- unterste Flasche
- Ablauflöcher
- Deckel

170

Sprudelnde Limonade brauen

Mal abgesehen von aufregenden Weltraumexpeditionen, medizinischen Entdeckungen und bahnbrechenden Erfindungen – ohne die Wissenschaft hätten wir keine sprudelnden Getränke. Genau, *so* wichtig ist die Wissenschaft.

Wenn du mit deinen wissenschaftlichen Fähigkeiten angeben willst, kannst du diesen Sprudel selber machen. Dafür musst du zuerst die Zitrone auspressen und den Saft in ein Glas schütten. Falls du keine Zitronenpresse hast, kannst du die Zitrone auch mit der Hand auspressen und dann den Saft durch ein Sieb schütten, damit die Kerne und das Fruchtfleisch entfernt werden.

Gib einen Teelöffel Natron in das Glas und rühre um. Nun denkst du wahrscheinlich: „Aha, es gibt eine Reaktion, weil ich eine **Base** zu einer **Säure** gegeben habe. Es entsteht **Kohlendioxid**." Vielleicht denkst du auch: „Huuui! Na, so was! Bläschen!"

Fülle dein Glas mit Wasser auf, bis du das Doppelte oder Dreifache der Mischung hast. Rühre einen Teelöffel feinen Zucker dazu (um den sauren Geschmack des Zitronensaftes auszugleichen) und probiere.

Du siehst (und schmeckst) die Kohlendioxid-Bläschen in deinem Getränk. Dies ist es, was bei Limonade, Cola und ähnlichen Getränken das Kribbeln auf der Zunge verursacht. Man nennt diese Getränke „kohlensäurehaltig". Wieder was gelernt.

Jetzt hast du so viele bahnbrechende Entdeckungen gemacht, dass du dich gemütlich hinsetzen und eine kühle Limonade schlürfen kannst. Am besten mit einigen stärke- und glukosehaltigen Produkten (auch Kekse genannt).

Für noch mehr Chaos:

Verbessere das Rezept nach deinem Geschmack. Gib mehr Zitronensaft hinzu, um es saurer zu machen, mehr Wasser zum Verdünnen, mehr Natron für mehr Sprudel und noch etwas Zucker, falls du es süßer magst. Versuche es mit anderen Früchten – welche funktionieren besser und warum? Welche Kekse schmecken gut zu Limonade (nicht wirklich eine wissenschaftliche Frage, aber egal)?

 Für Besserwisser:

Wenn sich Zitronensaft (**Säure**) und Natron (**Base**) mischen, erfolgt eine **chemische Reaktion** namens **Säure-Base-Reaktion**. Dabei wird ein **Gas** produziert, nämlich **Kohlendioxid** (CO_2), das in der **Flüssigkeit** Blasen bildet (Karbonisierung).

Loch-kamera basteln

Ich gebe zu, mit dieser Kamera kannst du nicht fotografieren. Aber du kannst die Welt auf dem Kopf sehen – auch nicht schlecht, oder?

Schneide dir von einer deiner Papprollen ein Drittel ab (den Rest brauchst du nicht). Miss nun beide Röhren aus und schneide schwarzes Papier in derselben Länge zu. Rolle das Papier zusammen und stecke es jeweils in die Röhren. Nun sind beide Küchenrollen innen schwarz verkleidet.

Schneide einen Kreis aus dem durchsichtigen Papier, der mindestens den doppelten **Durchmesser** hat wie die Röhren. Lege ihn über das Ende der langen Röhre und befestige ihn mit einem Gummiband. Dies ist dein **transparenter** Bildschirm. Schneide noch einen Kreis in derselben Größe aus, allerdings diesmal aus Alufolie. Befestige ihn mit einem Gummi am Ende der kürzeren Röhre.

Nun klebst du die beiden Röhren mit Klebeband zusammen, sodass der transparente Bildschirm zwischen ihnen liegt. Wichtig ist, dass an der Klebestelle kein **Licht** hereinkommt, deshalb solltest du etwas Papier oder Pappe um die Röhren legen und mit Gummis fixieren.

So, fertig. Ach, Moment – du siehst nichts außer Schwarz, wenn du in die Röhre guckst? Ich glaube, ich habe etwas ganz Wichtiges bei der Lochkamera vergessen – das Loch! Nimm eine Nadel, Reißzwecke oder Sicherheitsnadel und pikse ein Loch in die Alufolie. Dann geh nach draußen und schaue durch die Röhre. Magischerweise erscheint die Welt auf deinem kleinen Schirm … auf dem Kopf.

Für noch mehr Chaos:

Hast du Ideen, wie du die Lochkamera verbessern kannst? Vielleicht möchtest du den Bildschirm näher oder weiter weg von dem Loch platzieren, ein anderes Material dafür benutzen, das Loch größer oder kleiner machen? Vielleicht möchtest du aber auch nur „Patentierter Welt-auf-den-Kopf-Steller" auf die Röhre schreiben.

Für Besserwisser:

Das **Licht**, das von Gegenständen **reflektiert** wird, gelangt durch das Loch auf den Bildschirm. Weil sich Licht in geraden Strahlen ausbreitet, treffen die von der oberen Seite des Gegenstandes unten auf den Bildschirm, die von der unteren Seite oben. In dem kleinen Loch kreuzen sich die Lichtstrahlen und das Bild auf dem Schirm steht auf dem Kopf. Dein Auge funktioniert ebenso – das Licht passiert die **Pupille** (Loch) und trifft auf die **Retina** oder Netzhaut (Bildschirm), wobei sich das Bild umdreht. Zum Glück ist das Gehirn so schlau und kehrt das Bild wieder um.

So machst du die Kamera:

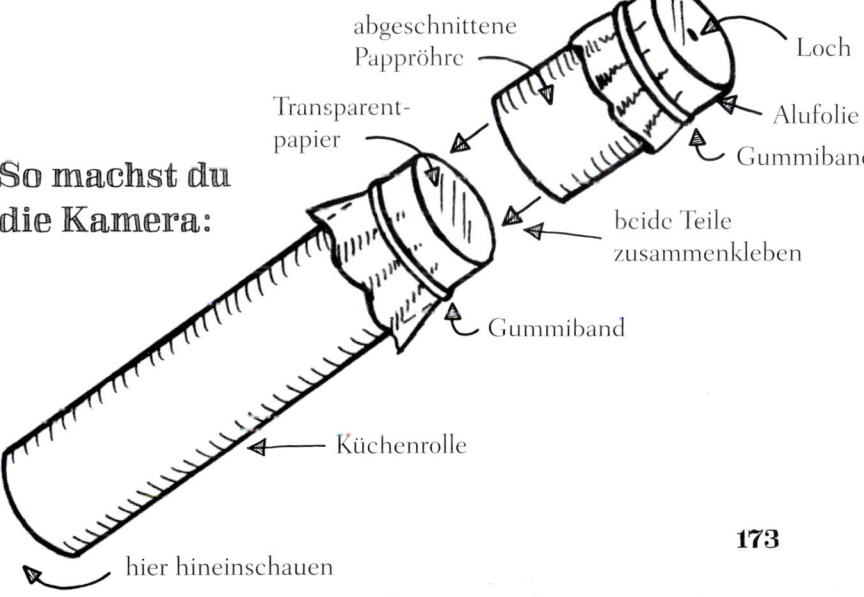

abgeschnittene
Pappröhre

Loch

Transparent-
papier

Alufolie

Gummiband

beide Teile
zusammenkleben

Gummiband

Küchenrolle

hier hineinschauen

Wie ein Ei vom Sprungbrett hüpft

Ein spektakulärer Trick – wenn er klappt. Klappt er nicht, hast du eine spektakuläre Sauerei. Aber das soll dich nicht aufhalten.

Suche dir zuerst ein Glas und fülle es zu drei Vierteln mit Wasser. Darauf legst du eine feste Pappe, den Boden einer Kuchenform oder einen Bierdeckel oder etwas anderes, was stabil und flach ist. Stelle die Pappröhre darauf. Eine Toilettenpapierrolle ist gut geeignet, achte nur darauf, dass sie direkt über der Mitte des Glases steht. Schließlich legst du das Ei längs auf die Röhre.

So, und nun nimmst du das rohe Ei wieder herunter und ersetzt es durch eine Zitrone, einen kleinen Ball oder etwas anderes, das als Stunt-Ei funktioniert. Ich glaube, wir fühlen uns beide besser, wenn du den Trick erst mal übst. Oder?

Strecke die Hand aus, hole tief Luft und schlage schnell die Pappe seitlich weg. Sobald du die Augen wieder öffnest, siehst du, dass dein Stunt-Ei nicht auf dem Tisch oder dem Boden gelandet ist, sondern gerade in das nun unbedeckte Glas mit Wasser gefallen ist. Und wenn du das ein halbes Dutzend Mal geschafft hast (mit offenen Augen!), kannst du es mit dem rohen Ei versuchen. Und keine Angst – zur Not gibt es eben Omelette.

Für noch mehr Chaos:

Du kannst den Trick auch mit einer größeren Fläche wie zum Beispiel einem Tablett oder einer Platzmatte versuchen. Darauf stellst du zwei, drei oder sogar vier Pappröhren. Also ein Multi-Sprung! Achte nur darauf, dass alle Pappröhren genau über den Gläsern stehen… sonst gibt es Multi-Sauerei und Multi-Ärger.

Für Besserwisser:

Auf das Ei (oder das Stunt-Ei) wirkt eine **Kraft** ein, die **Trägheit** genannt wird. Diese widersteht der Bewegung – und je größer die **Masse** eines Gegenstandes, desto größer die Trägheit. Die Pappröhren haben eine geringe Trägheit, deshalb bewegen sie sich zur Seite, wenn du die Pappe wegschlägst. Doch das Ei wird durch seine große Trägheit der Bewegung seitwärts widerstehen und in das Glas darunter fallen.

DU BRAUCHST: GLAS, WASSER, FESTE PAPPE ODER ÄHNLICHES, PAPPRÖHRE, EI, ZITRONE ODER KLEINEN BALL

Tipp: Nimm ein großes, nicht zu empfindliches Glas.

Tipp: Frischer Nagellack funktioniert am besten.

Marmorierte Windlichter herstellen

Für dieses Projekt brauchst du ein filmbildendes **Polymer** in einem leicht flüchtigen organischen Lösemittel. Aber keine Angst, es ist nicht so kompliziert, wie es klingt. Es ist bloß Nagellack. Allerdings – wenn es um die Lieblingsfarbe deiner Mutter geht, könnte es sogar noch komplizierter sein.

Sobald du deine Mutter überzeugt hast, dass du ihren schicken Nagellack für ein wichtiges **Experiment** zur **Oberflächenspannung** brauchst, kannst du alles vorbereiten. Zuerst deckst du den Tisch mit alten Zeitungen oder einer Wachsdecke ab, damit kein Nagellack darauf kommt. Dann suchst du dir einen Behälter, der später weggeworfen werden kann. Falls du keinen findest, kannst du auch einen Plastikbehälter nehmen und ihn mit einem Plastikbeutel auslegen, sodass das Wasser mit dem Nagellack nicht an den Behälter selbst gelangt.

Nun fülle den Behälter etwa dreiviertelvoll mit Wasser und stelle das Glas und die Zahnstocher bereit. Wenn alles fertig ist, nimm die Nagellackfarben und gieße sie vorsichtig aus möglichst geringer Höhe in den Behälter. Der Nagellack ist so leicht, dass er nicht zu Boden sinkt, sondern auf der Wasseroberfläche einen Film bildet. Nimm nun schnell einen Zahnstocher und rühre etwas in dem Nagellack herum, sodass ein marmoriertes Muster entsteht. Dann musst du das Glas ins Wasser tauchen – entweder mit dem Boden zuerst oder seitlich auf der **Oberfläche** herumrollen. Du darfst bloß nicht trödeln, sonst klappt es nicht.

Du siehst, wie der Nagellack an dem Glas haftet und ein schönes Muster bildet. Stelle das Glas verkehrt herum auf eine alte Zeitung, bis die Farbe trocken ist. Stelle dann ein Teelicht hinein – und schon hast du ein wunderbares Tut-mir-leid-dass-ich-den-Nagellack-verbraucht-habe-Geschenk für deine Mutter.

Für noch mehr Chaos:

Du kannst auch andere Dinge marmorieren – Serviettenringe, Tassen, Flaschen, ausgeblasene Eier. Frage aber vorher, ob du darfst!

Für Besserwisser:

Die Wasseroberfläche bildet eine Art Haut. Das liegt an der **Oberflächenspannung** – die **Kraft** der Anziehung zwischen den winzigen Wasser**molekülen** an der **Oberfläche** einer **Flüssigkeit**. Da der Nagellack eine geringere **Dichte** als das Wasser hat, bricht er die Oberflächenspannung nicht und liegt als Film auf dem Wasser, bis er von der Oberfläche des Glases angezogen wird.

Morsecode lernen

„Jetzt wird nicht mehr geredet!"

„Seid leise, es ist Schlafenszeit!"

„Hört jetzt auf zu quatschen!"

„Ich möchte keinen Pieps mehr von euch hören!"

Ich weiß, es klingt komisch, aber manchmal wollen Erwachsene nicht, dass ihr redet. Zum Glück sagen sie selten „Keine Kommunikation!". Bei solchen Gelegenheiten ist es deshalb sinnvoll, wenn man die Morsezeichen kennt.

Das Morsealphabet ist nicht ganz einfach zu lernen, aber wer es einmal raushat, kann ganz einfach durch das An- und Ausschalten einer Taschenlampe Nachrichten übermitteln. Solange ihr das **Licht** sehen könnt, könnt ihr auch quatschen.

Das Morsealphabet wurde vor über 175 Jahren erfunden und besteht aus Punkten und Strichen – oder Dits und Dahs –, aus denen die Buchstaben zusammengesetzt werden. Ein Dit ist ein kurzes Signal, ein Dah ist dreimal so lang. Nach jedem Buchstaben folgt eine kurze Pause, nach jedem Wort eine längere Pause.

Am besten lernt man die einzelnen Buchstaben nacheinander – zuerst die, die am häufigsten vor-

kommen. Macht langsam, bis ihr alles richtig verstanden habt. Dann könnt ihr wichtige Wörter üben, die ihr oft benutzt – wie „Pups", „Rotz" und „Blödian" –, bevor ihr euch an ganze Sätze wagt, zum Beispiel: „Die denken, wir reden nicht mehr. Hahaha."

Für noch mehr Chaos:

Statt Lichtsignalen kann man auch Tonsignale verwenden. Ihr könnt die Töne selbst erzeugen oder euch einen Gegenstand suchen, mit dem man lange und kurze Signale machen kann. Ein Pfannendeckel klingt zum Beispiel lang oder kurz – je nachdem, an welcher Stelle man ihn anschlägt.

 Für Besserwisser:

Der Morsecode ist ein **digitales Signalsystem**, weil er aus Tönen oder Lichtzeichen besteht, die nur zwei Zustände haben: an oder aus. Die Sprache ist dagegen ein **analoges Signalsystem**, weil sie in **Tonhöhe** und Lautstärke variiert.

Das Morse-Alphabet

A	·—	J	·———	S	···	1	·————
B	—···	K	—·—	T	—	2	··———
C	—·—·	L	·—··	U	··—	3	···——
D	—··	M	——	V	···—	4	····—
E	·	N	—·	W	·——	5	·····
F	··—·	O	———	X	—··—	6	—····
G	——·	P	·——·	Y	—·——	7	——···
H	····	Q	——·—	Z	——··	8	———··
I	··	R	·—·	0	—————	9	————·

Wenn du es schwierig findest, deine Taschenlampe schnell aus- und anzuschalten, halte stattdessen deine Hand oder ein Stück Pappe davor, um die Signale zu erzeugen.

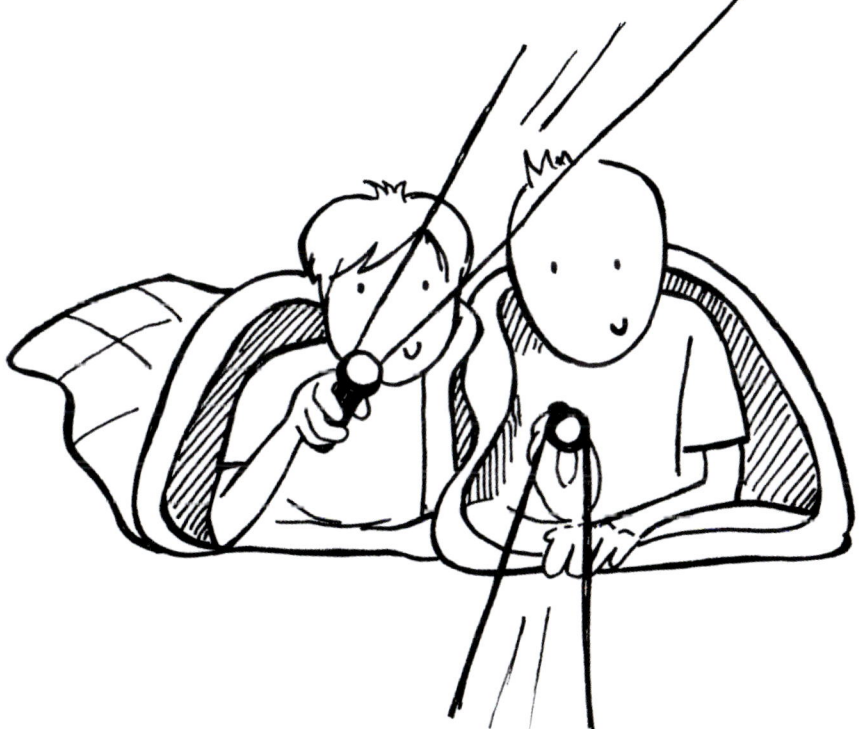

Farbwechselzauber

Schau mal rüber auf die rechte Seite, da siehst du ein Bild. Genauer gesagt ein merkwürdiges Bild. Ich weiß, die Sonne sollte nicht blau sein, das Gras nicht rot und der Himmel ist normalerweise auch nicht gelb. Aber keine Angst, mit einem Farbwechselzauber kriegen wir das schon wieder hin.

Du musst dir nur ein weißes Papier besorgen und einen schwarzen Punkt in die Mitte malen. Lege das Papier neben das Buch. Nun starrst du das Bild an – genau, das merkwürdige Bild –, während du langsam bis 30 zählst.

Fertig? Gut. Starre sofort danach auf den schwarzen Punkt auf dem weißen Blatt. Nach ein paar Sekunden erscheint das Bild auf deinem Blatt … aber was ist das? Die Farben sind genauso, wie man sie erwartet – blauer Himmel, schwarz-gelbe Biene, grüne Wiese. Sag ich doch – Farbwechselzauber!

Für noch mehr Chaos:

Male dir dein eigenes Farbwechselbild mit vertauschten Farben – du kannst Rot und Grün vertauschen, Blau und Gelb und Schwarz und Weiß.

 **Für Besserwisser:**

Dieses Phänomen ist wissenschaftlich nicht ganz geklärt, es ist jedoch bekannt, dass wir im hinteren Teil des Auges (auf der **Retina**) Millionen von lichtempfindlichen **Zellen** besitzen, die die verschiedenen Lichtfarben sehen können. Sie sind paarweise gekoppelt: Weiß und Schwarz, Blau und Gelb, Rot und Grün. Jedes Paar sendet Informationen an das Gehirn. Wenn man zu lange auf eine Farbe starrt, werden die Sensoren für diese Farbe gesättigt. Im Gehirn wird die Farbe als die Komplementärfarbe verarbeitet und erscheint so als Nachbild auf der weißen Fläche.

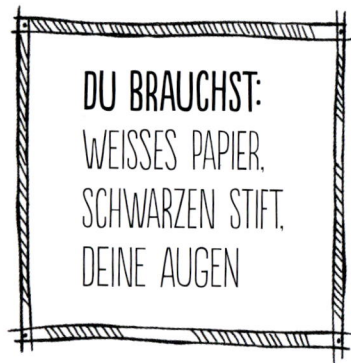

DU BRAUCHST:
WEISSES PAPIER,
SCHWARZEN STIFT,
DEINE AUGEN

Keine Sorge – du darfst ab und zu blinzeln!

Angeln gehen

Zum Angeln braucht man normalerweise lange Angelruten, Angelrollen, Netze und unheimlich viel Geduld – aber du hast Glück, denn für dieses Spiel brauchst du nichts davon. Deshalb ist es gut für Kinder geeignet, denn wenn die eins nicht haben, ist es Geduld.

Zuerst malst du die Form eines Fisches auf ein Stück Pappe. Wenn dir der Fisch gefällt, schneide ihn aus und benutze ihn als Schablone, um auf jedes der bunten Papiere sechs Fische zu zeichnen. Schneide die Fische aus und male auf jeden eine Anzahl Punkte von eins bis sechs. Befestige an jedem eine Büroklammer und lege die Fische mit der Unterseite nach oben auf den Boden, sodass die Punkte nicht sichtbar sind.

Um die kurze Angelrute zu bauen, nimm einen Stock (einen pro Spieler) und knote einen Faden von etwa 50 cm Länge daran. Befestige am anderen Ende des Fadens den **Magnet** mit Klebeband.

Nun könnt ihr spielen. Setzt euch neben den Fischhaufen und versucht abwechselnd, mit der Angelrute einen Fisch zu erwischen. Jeder Spieler legt seine gefangenen Fische auf einen Haufen. Aber seid vorsichtig – wer zwei oder mehr Fische auf einmal an der Angel hat, ist ein gieriger Fischer und muss diese Fische zurück ins Meer werfen und die Runde aussetzen.

Wenn alle Fische geangelt sind, zählt ihr die Punkte auf der Rückseite. Wer die meisten Punkte hat, gewinnt eine goldene Angel*, wird im Triumphzug durch die Stadt gefahren** und bekommt die Gabe der ewigen Geduld***.

*durchaus möglich

**unwahrscheinlich

***völlig unmöglich

Für noch mehr Chaos:

Natürlich musst du nicht unbedingt Fische nehmen. Du kannst dir alle möglichen Schablonen machen, um die Formen für dein Spiel auszuschneiden. Versuche doch mal, Motive wie Dinosaurier, Geister oder Blumen zu angeln!

Für Besserwisser:

Büroklammern enthalten **Eisen** – ein Metall, das von Magneten angezogen wird. Der **Magnet** an der Angel zieht die Büroklammer an, sodass der Fisch sich daran hochheben lässt.

Wenn du keine Büro-
klammern hast, kannst du jeden
Fisch ein paarmal tackern.

DU BRAUCHST: PAPPE, BLEISTIFT, SCHERE, 4–6 BLATT FARBIGES PAPIER, SCHWARZEN STIFT, BÜROKLAMMERN, STÖCKE, SCHNUR, MAGNETEN, KLEBEBAND

Dein Skelett nachbauen

DU BRAUCHST: A3-PAPIER, BLEISTIFT, EINEN FREUND, SCHWARZEN STIFT, SCHERE, PAPPE, RADIERGUMMI, SPITZEN STIFT, MUSTERKLAMMERN, BINDFADEN

Skelette gelten als unheimlich – komisch eigentlich. Denn wirklich unheimlich wäre ein Leben ohne Skelett. Wir würden alle wie schlappe Luftballons auf der Erde liegen. Eine gruselige Vorstellung.

Also freu dich, dass du ein Skelett hast, und ehre es, indem du es nachbaust.

Wenn dein Modell genau werden soll, brauchst du mehrere Blätter A3-Papier und jemanden, der dir hilft. Lege dich mit dem Kopf auf einem Papier auf den Boden und bitte einen Freund, den Umriss von Kopf und Schultern nachzumalen. Dasselbe macht ihr jeweils mit einem Ober- und Unterarm (mit Hand) und einem Ober- und Unterschenkel.

Wenn ihr den Oberkörper nachzeichnet, fühle nach, wo deine Rippen enden, und lass deinen Freund an den Stellen eine Markierung setzen. Dann ist der Unterkörper an der Reihe – markiert auch, wo die Hüftknochen sitzen. Zum Schluss stellst du deine Füße auf ein Blatt Papier und zeichnest den Umriss selber nach (deine stinkigen Füße solltest du keinem Freund zumuten).

Wenn du die Umrisse hast, kannst du die Knochen einzeichnen. Richte dich nach der Abbildung rechts und zeichne die Knochen mit Bleistift. Markiere auch die Stellen für die Löcher. Dann schneidest du alles aus (bei den Armen und Beinen legst du ein zweites Blatt Papier darunter und schneidest die Knochen zweimal aus). Mit einem schwarzen Stift malst du Zähne sowie Löcher für die Augen und Nase auf den Schädel.

Um alles stabiler zu machen, klebe den Schädel, den Oberkörper und die Hüfte auf Pappe (zum Beispiel Cornflakespackungen) und schneide sie aus.

Nun baust du dich selbst zusammen. Lege die Stellen, wo die Löcher sein sollen, über ein Radiergummi und stich mit einem spitzen Stift ein Loch hinein. Lege die Teile, die verbunden werden müssen, übereinander und stecke eine Musterklammer durch die Löcher. Biege die Klammern hinten auf. Falls du das Skelett aufhängen willst, stich oben im Schädel noch ein Loch und fädele einen Faden hindurch. Dann hängst du es an einem Haken an die Wand oder in den Türrahmen.

Für noch mehr Chaos:

Mache Skelette von allen Familienmitgliedern – die werden ausflippen!!

Das Skelett

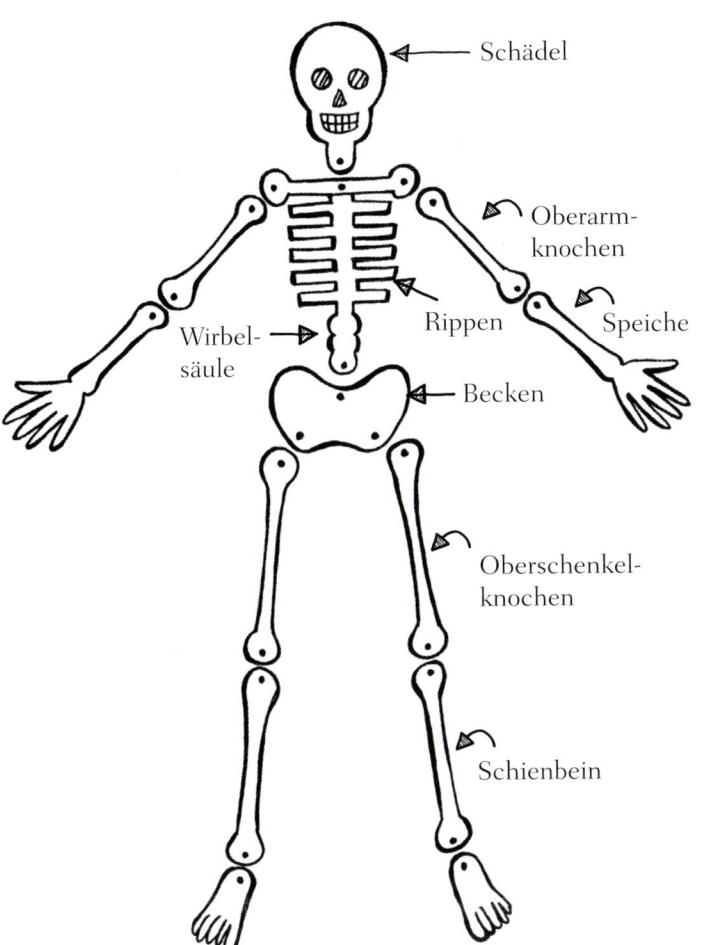

Schädel

Oberarm-knochen

Speiche

Wirbel-säule

Rippen

Becken

Oberschenkel-knochen

Schienbein

 ## Für Besserwisser:

Das menschliche **Skelett** ist aus über 200 Knochen aufgebaut und schützt wichtige Organe wie Herz und Gehirn. Außerdem erlaubt es uns, aufrecht zu stehen und uns zu bewegen – mithilfe der **Muskeln**, die an den Knochen befestigt sind. Und wusstest du schon, dass die roten und weißen Blutkörperchen in den Knochen gebildet werden?

Tipp: Wenn du kein A3-Papier hast, klebe einfach A4-Blätter zusammen.

Pendel aufhängen

„Wir gehen in einer Minute in den Park."

„Ja, du kannst einen Keks haben, warte eine Sekunde."

„Noch fünf Minuten, dann gehen wir Eis essen – versprochen!"

Diese Sätze beweisen, dass Eltern absolut kein Zeitgefühl haben. Du kannst ihnen aber leicht helfen, etwas genauer zu werden – indem du ein Pendel aufhängst.

Zuerst drückst du eine Reißzwecke oben in einen hölzernen Türrahmen (frage aber vorher und lass dir am besten gleich von einem Erwachsenen helfen, denn wahrscheinlich ist der Türrahmen zu hoch für dich). Binde einen Faden daran. Er muss etwas über einen Meter lang sein.

Ans Ende des Fadens knotest du ein Gewicht – ein Schlüssel oder eine Unterlegscheibe sind gut geeignet, denn die haben schon ein Loch. Miss dabei die Fadenlänge mit einem Maßband und achte darauf, dass sie am Schluss genau 99,5 cm beträgt. Stoße dann das Gewicht zu einer Seite und lass das Pendel schwingen.

Du wirst feststellen, dass jeder Schwung des Pendels eine Sekunde dauert. Außerdem stellst du fest, dass es ziemlich lange schwingt, sodass du genug Zeit hast, die Angaben deiner Eltern zu überprüfen. Wenn sie in Zukunft sagen: „Noch ein paar Minuten" oder: „In einer halben Minute", lässt du das Pendel schwingen und sagst ihnen Bescheid (laut!), wenn die Zeit gekommen ist. Besonders wenn es um Eis geht!

Für noch mehr Chaos:

Versuche doch mal, ein Halbe-Sekunden-Pendel zu basteln. Dazu muss der Faden natürlich nicht so lang sein, deshalb kannst du es an einem Besenstiel aufhängen, der über zwei Stuhllehnen liegt. Dann stoppst du die Zeit, um herauszufinden, welche Schnurlänge die richtige für eine halbe Sekunde ist.

Für Besserwisser:

Ein Pendel schwingt hin und her, weil es von der **Schwerkraft** angezogen wird. Es wird irgendwann aufhören zu schwingen – aber nur wegen des Luftwiderstandes und wegen der **Reibung** zwischen Faden und Reißzwecke –, beides bremst das Pendel.

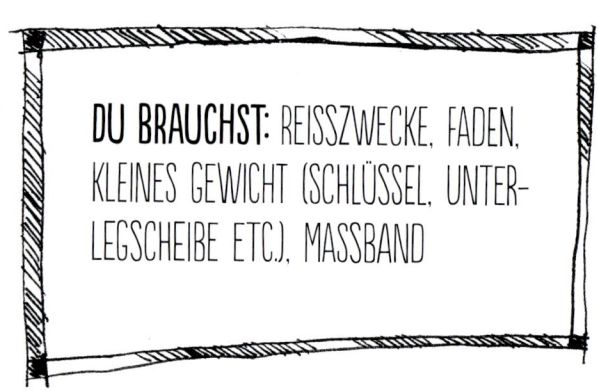

DU BRAUCHST: REISSZWECKE, FADEN, KLEINES GEWICHT (SCHLÜSSEL, UNTERLEGSCHEIBE ETC.), MASSBAND

Periskop bauen

Es kann viele Gelegenheiten geben, bei denen du dich verstecken musst – wenn du *aus Versehen* einen ganzen Schokoladenkuchen gegessen hast, *unabsichtlich* das Lieblingsspiel deines Bruders zerstört oder *zufällig* das Schulprojekt deiner Schwester kaputt gemacht hast. Das Dumme ist nur: Sobald du dich versteckst, siehst du nicht, ob deine aufgebrachte Familie dir schon auf der Spur ist. Weißt du, was du dann brauchst? Ein Periskop.

Damit kannst du problemlos die Lage checken, während du sicher hinter dem Sofa versteckt bist.

Zuerst nimmst du deine Pappe und faltest sie so, dass ein rechtwinkliges Dreieck entsteht. Lege dieses seitlich an einen der Kartons und benutze es als Schablone, um eine Linie im 45 Grad-Winkel einzuzeichnen (siehe Zeichnung). Mache dasselbe an der anderen Seite, sodass sich die Linien gegenüberliegen, dann wiederholst du den Schritt unten an dem zweiten Karton.

Miss von jedem Ende der Linien einen Zentimeter ab. Der Bereich dazwischen wird eingeschnitten. Dazu stichst du zuerst am Anfang der Linie ein Loch mit einer Nadel oder Sicherheitsnadel und dann weitere Löcher ganz dicht daneben, bis du mit der Schere hineinstechen und die markierte Linie einschneiden kannst. Du kannst den Schlitz mit der Schere noch etwas erweitern.

Mit derselben Methode schneidest du gegenüber von jedem Schlitz ein quadratisches Fenster ein (siehe Zeichnung), dann öffnest du beide Kartons oben und schiebst sie ineinander. Die beiden Fenster müssen dabei auf gegenüberliegenden Seiten sein.

Zum Schluss schiebst du die Spiegel in die schrägen Schlitze. Falls sie kleiner sind als der Bereich zwischen den Schlitzen, klebe sie auf ein Stück Pappe. Dann schiebe sie durch die Schlitze. Der Spiegel muss jeweils nach innen zeigen.

Nun kannst du das Periskop benutzen – ein Glück, denn wir beide wissen, dass du gerade schon wieder vorhast, aus Versehen einen ganzen Schokoladenkuchen zu essen.

Für noch mehr Chaos:

Wenn du von weiteren Milch- oder Saftkartons die Böden abschneidest, kannst du damit das Mittelteil des Periskops verlängern. Sehr praktisch, wenn du in das Stockwerk über dir spähen willst.

Für Besserwisser:

Licht breitet sich in geraden Strahlen aus. Es fällt durch das obere Fenster, wird von dem oberen Spiegel **reflektiert** und zu dem unteren Spiegel weitergeleitet. Dort wird es wieder reflektiert und fällt durch das untere Guckloch direkt in dein Auge. Das klappt aber nur, wenn die Spiegel einen Winkel von 45 Grad haben.

Tipp: Kleine Spiegel kannst du zum Beispiel in leeren Schminkdöschen finden.

DU BRAUCHST: PAPPE, ZWEI GROSSE LEERE MILCH- ODER SAFTKARTONS, BLEISTIFT, LINEAL, 2 SPIEGEL, SICHERHEITSNADEL ODER NADEL ODER REISSZWECKE, SCHERE, KLEBER

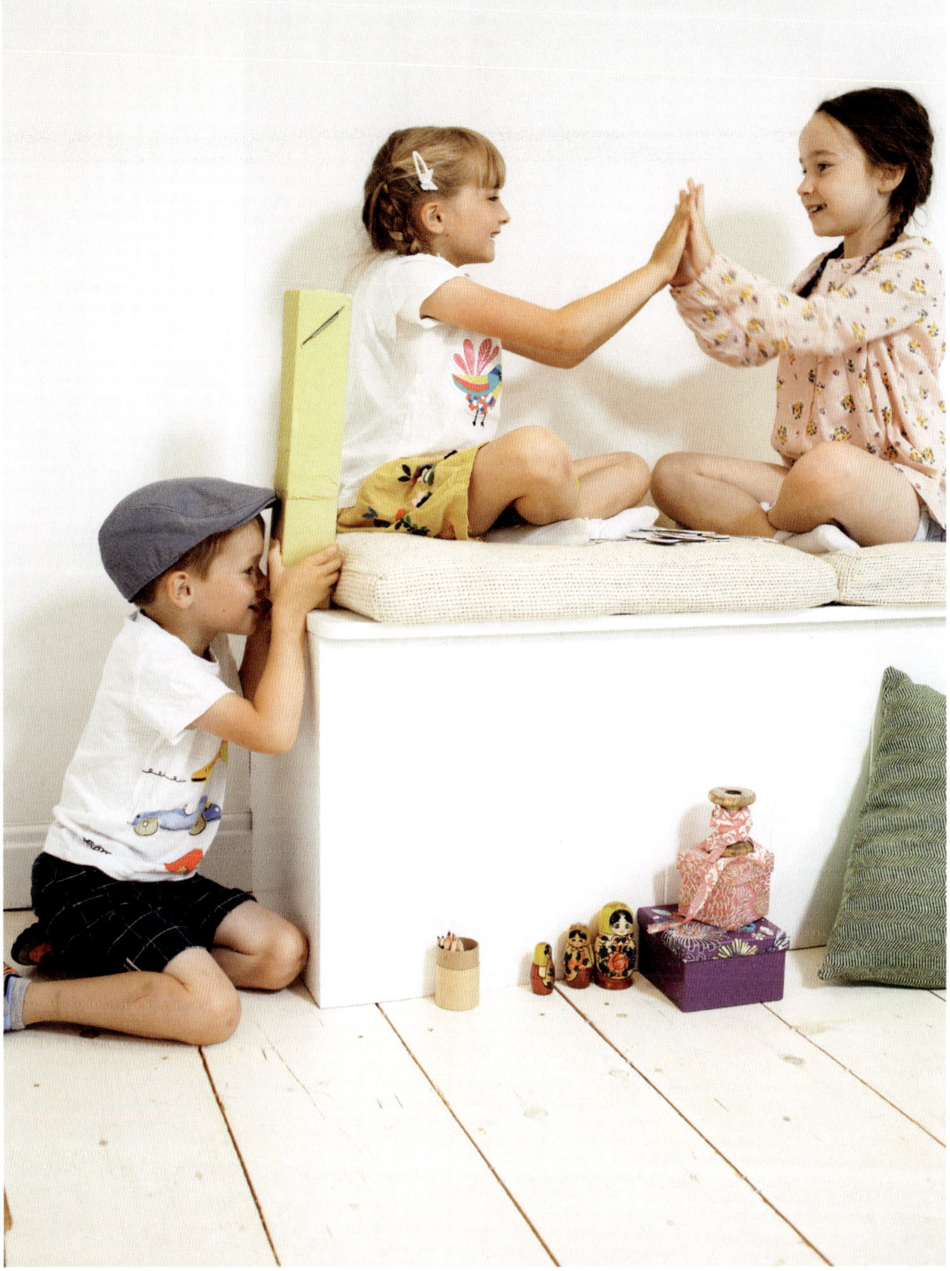

So baust du das Periskop

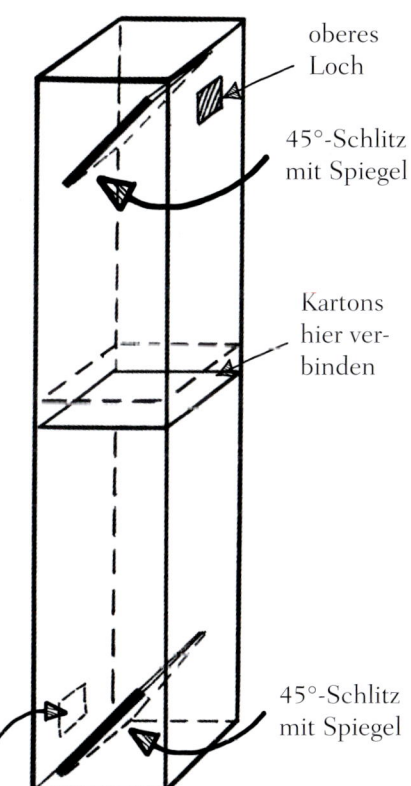

oberes Loch
45°-Schlitz mit Spiegel
Kartons hier verbinden
45°-Schlitz mit Spiegel
unteres Guckloch

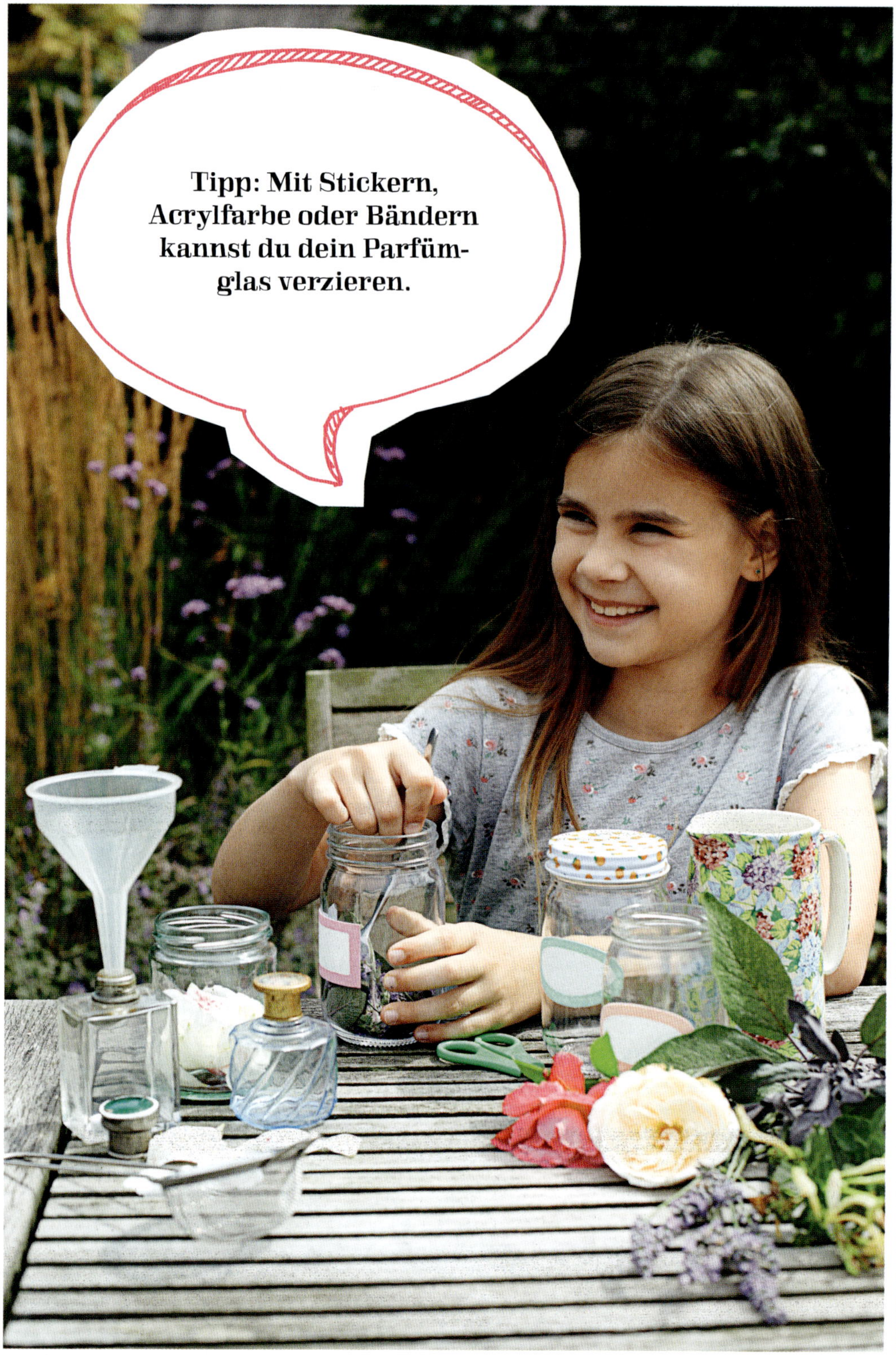

Tipp: Mit Stickern, Acrylfarbe oder Bändern kannst du dein Parfümglas verzieren.

Parfüm herstellen

Es gibt viele Stars, die ihr eigenes Parfüm auf den Markt bringen. Das kannst du auch – nur dass deins besser ist. Ist doch klar.

Zuerst musst du nach Düften Ausschau halten, und zwar am besten im Garten. Vielleicht findest du Rosen, Geißblatt, Lavendel, Jasmin oder Veilchen, aber du wirst auch andere duftende Blüten und Blätter entdecken, wenn du etwas herumschnupperst. Allerdings solltest du die Erwachsenen fragen, bevor du **Blütenblätter** von ihren Lieblingspflanzen abreißt.

Sobald du genug Material gesammelt hast, gib ein paar Esslöffel voll Blüten oder Blätter in ein Glas und zerdrücke sie mit einem Löffel, damit mehr Duft frei wird. Dann bedecke sie mit etwas Wasser, rühre um und schnuppere an deiner Mischung. Vielleicht hast du die perfekte Kombination sofort gefunden, ansonsten kannst du jetzt **experimentieren**. Gib von einigen Zutaten mehr hinzu, wenn sie kaum zu riechen sind, oder füge neue Zutaten für eine neue Duftnote hinzu.

Damit du die Übersicht behältst, kannst du auch verschiedene Kombinationen in verschiedenen Gläsern ansetzen und dir jeweils aufschreiben, wie viel du von welcher Zutat verwendet hast. So findest du heraus, welche Mischung besonders gut harmoniert, und kannst diese jederzeit wiederholen.

Wenn du mit deinem Rezept zufrieden bist, fülle ein Glas zu zwei Dritteln mit deinen ausgewählten Zutaten, zerdrücke sie mit dem Löffel und bitte einen Erwachsenen, etwas kochendes Wasser in das Glas zu kippen. Lass die Mischung etwa eine Stunde lang stehen, sodass sich die Duftstoffe im Wasser **lösen**, dann kippe alles durch ein Sieb in eine Kanne. Zum Schluss füllst du dein „Parfüm" in ein sauberes Glas und schraubst den Deckel auf. So sollte es sich ein paar Wochen lang halten.

Wenn du es ausprobieren willst, gib etwas von der Mischung auf die Innenseite der Handgelenke und schnuppere daran. Ach ja, und vergiss nicht, deiner Mixtur einen tollen Parfümnamen zu geben: z. B. *Eau de Blumenbeet* oder *Katastrophe for men*.

Für noch mehr Chaos:

Statt Blumenparfums kannst du auch Frucht-, Gewürz- oder sogar Holzdüfte ausprobieren. Welche duften am stärksten und halten am längsten?

 ## Für Besserwisser:

Pflanzen duften nicht, um der Parfümindustrie zu helfen, sondern um **Bestäuber** wie Insekten anzulocken. Die Duft**moleküle** sind leicht flüchtig, weil sie zu einem **Gas verdunsten**, wenn sie von der Pflanze freigesetzt werden. Sie gelangen auch an die Luft, wenn du das Parfüm auf dein Handgelenk aufträgst, sodass du ihren wunderbaren Duft riechen kannst.

Strand-Mandala entwerfen

Ein Mandala soll ursprünglich den Kosmos darstellen. Genau – du erschaffst das ganze Universum!

Zum Glück für dich ist das viel einfacher, als es klingt, und bedeutet eigentlich nur, dass man kreisförmige Muster formt.

Zuerst musst du viele verschiedene Materialien für die einzelnen Ringe deines Mandalas finden. Sammele erst einmal einige Eimer voller Muscheln und Steine am Strand und sortiere sie zu verschiedenen Haufen – lege zuerst alle Steine auf eine Seite und Muscheln auf die andere. Diese ordnest du dann weiter in verschiedene Gruppen, die Steine zum Beispiel nach Farbe und dann nach Größe, die Muscheln nach Farbe, Größe und Form. Nun hast du dir eine Klassifizierung (**Systematik**) überlegt.

Vielleicht hast du ja ein Bestimmungsbuch dabei, dann kannst du die Muscheln und Schnecken bestimmen oder unterscheiden, welche Steine du gefunden hast. Du kannst die Namen mit dem Finger in den Sand schreiben.

Sobald du dein Material sortiert hast, ist es Zeit, mit dem Mandala anzufangen. Denke daran, dass die Kreise näher zur Mitte kleiner sind und dass du weniger Steine oder Muscheln dafür brauchst. Wenn du weiter nach außen kommst, wirst du mehr von

jeder Sorte brauchen. Sieh dir also deine Systematik vorher an und überlege, womit du anfängst und von welcher Art du am meisten hast.

Du musst auch nicht bei einfachen Kreisen bleiben, sondern kannst dir verschiedene Muster ausdenken, die von der Mitte ausgehen. Vielleicht Blütenblätter oder Diamanten oder … eigentlich alles. Es ist schließlich *dein* Kosmos.

Ein Strandmandala lässt sich auch gut mit mehreren Leuten machen. Das heißt aber nicht, dass du nur rumsitzt und rufst: „Ich brauche 35 Wellhornschnecken – SOFORT!“ So erschafft man keinen Kosmos.

Am Ende dürft ihr nicht vergessen, die Erwachsenen zu eurem Werk zu zerren und zu sagen: „Falls es euch interessiert – während ihr faul auf eurem Handtuch rumgelegen habt, haben wir eine grafische Abbildung des Universums geschaffen. Wenn das kein Eis wert ist, weiß ich auch nicht.“

Für noch mehr Chaos:

Baue auch Algen in dein Mandala ein – wie viele verschiedene Arten kannst du finden? Wenn du Lust hast, erstelle eine **Systematik**, bei der du zuerst deine Fundstücke in Tier, Pflanze und Stein einteilst und dich dann bis zu der jeweiligen **Spezies** oder Art durcharbeitest.

 ## Für Besserwisser:

Das Mandala sieht wirklich toll aus – aber eigentlich ging es darum, Dinge zu sortieren. In der Wissenschaft gibt es eine **Systematik**, die Dinge in Gruppen unterteilt. Das bedeutet, man fängt mit einer allgemeinen Gruppe an (zum Beispiel „Algen" oder „Muscheln"), dann schaut man genauer hin und unterteilt die Gruppe weiter, zum Beispiel in doppelte und einzelne Muschelschalen.

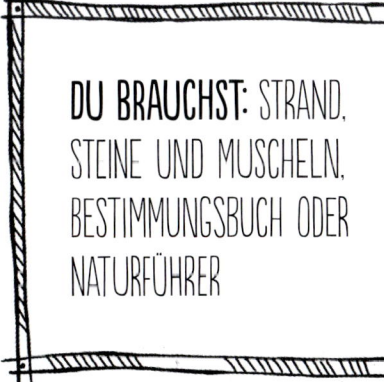

DU BRAUCHST: STRAND, STEINE UND MUSCHELN, BESTIMMUNGSBUCH ODER NATURFÜHRER

Tipp: Größere Muscheln oder Steine hebst du am besten für die äußeren Kreise auf, denn davon braucht man weniger, um den Kreis voll zu kriegen.

Blüten kandieren

Sobald die Leute diese wunderbare Kuchen-Dekoration sehen, werden sie mit offenem Mund dastehen und staunen: „Wow – die Blumen sehen ja richtig echt aus!" Dann hast du zwei Möglichkeiten (die beide ziemlich gut sind). Entweder du nimmst das Lob mit einem selbstgefälligen Grinsen entgegen oder du verdrehst die Augen, seufzt und sagst: „Die sind ja auch echt – was dachtet ihr denn?"

Doch bevor es so weit ist, musst du deine Kandierwerkstatt vorbereiten. Gib das Eiweiß in eine Schüssel, füge einen Teelöffel Wasser dazu und verrühre es etwa eine Minute lang vorsichtig mit einer Gabel. Dann stelle dir einen Behälter mit etwas Zucker bereit, eine flache Schüssel (oder Tablett) und ein Stück Pergamentpapier.

Nun brauchst du noch ein paar saubere, trockene essbare Blüten. Rosenblütenblätter oder Sonnenblumenblätter eignen sich gut, ebenso Stiefmütterchen und Veilchen, Primeln, Kornblumen, Geranien und Borretsch. Bitte unbedingt einen Erwachsenen, die Blüten genau anzusehen. Wenn ihr sie nicht genau bestimmen könnt, nimm sie nicht (denn manche Blüten sind giftig!).

Fasse die Blüten am Stängel an oder nimm einzelne **Blütenblätter** ganz am Ende zwischen Daumen und Zeigefinger. Mit einem kleinen, sauberen Pinsel bedeckst du jetzt die ganze Fläche (hinten und vorne) mit der Eiweißmischung. Nimm dann eine Prise Zucker und streue ihn auf die Blüte, bis sie ganz davon bedeckt ist. Lege sie vorsichtig auf das Papier zum Trocknen. In ein bis zwei Stunden ist alles hart, und du kannst sehen, ob du noch Stellen vergessen hast.

Lass die Blüten nun einen Tag lang trocknen. Entferne die Stängel und Kelchblätter (siehe Zeichnung), falls die noch an den Blüten sind, dann kannst du Kuchen oder Nachtische mit den Zuckerblumen dekorieren. Übrig gebliebene Blüten halten sich ein paar Wochen lang zwischen Pergamentpapier in einem luftdicht verschlossenen Gefäß. Schließlich ist es immer gut, eine Deko zur Hand zu haben, die alle zum Staunen bringt. Für den Fall, dass man mal wieder selbstgefällig grinsen möchte.

Für noch mehr Chaos:

Du kannst auch essbare Blätter kandieren. Minzblätter sind zum Beispiel gut geeignet und sehen toll neben den Blüten aus.

 Für Besserwisser:

Normalerweise würden **Bakterien** und **Pilze** die Blüten **zersetzen**, sodass sie verwelken. Doch sie brauchen Wasser zum Überleben. Zucker ist **hydrophil**, das bedeutet, er zieht Wasser**moleküle** aus den Pflanzen heraus und **absorbiert** sie. So können die Bakterien und Pilze nicht mehr arbeiten und die Blüten halten sich länger.

DU BRAUCHST: EIWEISS, SCHÜSSEL, WASSER, GABEL, BEHÄLTER, FEINEN ZUCKER, FLACHE SCHALE ODER TABLETT, PERGAMENTPAPIER, ESSBARE BLÜTEN, KLEINEN PINSEL, EVTL. LUFTDICHT VERSCHLIESS-BAREN BEHÄLTER

Die Blütenteile

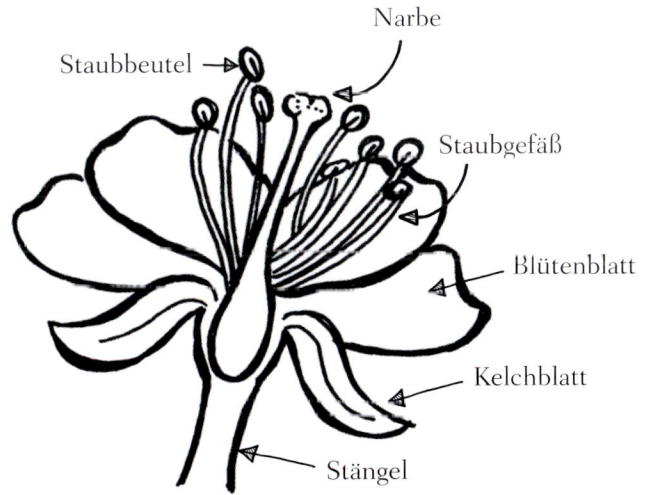

Staubbeutel →

Narbe

Staubgefäß

Blütenblatt

Kelchblatt

Stängel

Zum Steindetektiv werden

Unter deinen Füßen gibt es eine faszinierende Welt zu entdecken. Iiiih – nicht deine Hühneraugen. Ich meine die Steine, aus denen die Erde besteht. Also weg mit deinen schmuddeligen Füßen – wir wollen uns der **Geologie** widmen.

Falls du ein Steindetektiv werden willst, müssen wir zuerst ein paar Steine sammeln. Schau dich im Garten und im Park um, im Wald, beim Spaziergang in der Stadt – Steine gibt es überall. Sieh zu, dass du so viele verschiedene Arten wie möglich findest.

Jetzt kommt die Detektivarbeit. Dein erster Test könnte sein, ob sich die Steine zerbrechen lassen – und wenn ja, wie sie zerbrechen. Dafür brauchst du einen Hammer (und einen Erwachsenen zum Aufpassen), eine Schutzbrille und ein altes Handtuch, in das du den Stein wickeln kannst. Lege den Stein im Handtuch auf den Boden, haue mit dem Hammer darauf und wickele ihn wieder aus. Wenn du raue, zackige Teile findest, ist er zerbrochen. Andere Steine zerspalten sich, das heißt sie brechen in flache, glatte Teile.

Du kannst auch die Mohssche Härteskala nutzen (siehe rechte Seite). Daran, welche Gegensteine deinen Stein ritzen können, erkennst du, wie hart er ist. Dies hängt wiederum davon ab, welche Mineralien in ihm enthalten sind. Versuche es mit einer Münze oder einem Eisennagel, schau in der Skala nach und gib deinem geheimnisvollen Stein Härtepunkte.

Schließlich versuchst du herauszufinden, ob dein Stein magmatisch, metamorph oder Sedimentgestein ist. Dazu achtest du auf Folgendes:

Magmatisches Gestein: viele kleinen Löcher, sehr schwer zu zerbrechen, helle oder dunkle Sprenkel oder sichtbare Kristalle – diese Steine sind aus geschmolzenen und wieder abgekühlten Mineralien aus Vulkanen entstanden!

Sedimentgestein: besteht aus mehreren Schichten, zerbricht leicht, ist porös und **absorbiert** Wasser (um das zu testen, wiege den Stein, lege ihn für zwei Minuten ins Wasser und wiege ihn wieder). Diese Steine sind aus kleinen Gesteins**partikeln** entstanden, die zusammengepresst wurden.

Metamorphes Gestein: hat oft wirbelige Muster, ist schwer zu zerbrechen und glänzt gleichmäßig (also nicht in Flecken). Diese Steine entstehen, wenn Felsen für Millionen von Jahren tief in der Erde zusammengepresst und erhitzt werden.

Für noch mehr Chaos:

Wenn du eine alte Badezimmerkachel findest, kannst du die Rückseite für einen Kratztest nutzen. Reibe deinen Stein an der **Oberfläche** und beobachte den Strich, den er hinterlässt. Diesen kannst du nutzen, um den Stein mit einem Bestimmungsbuch zu identifizieren.

Mohssche Härteskala:

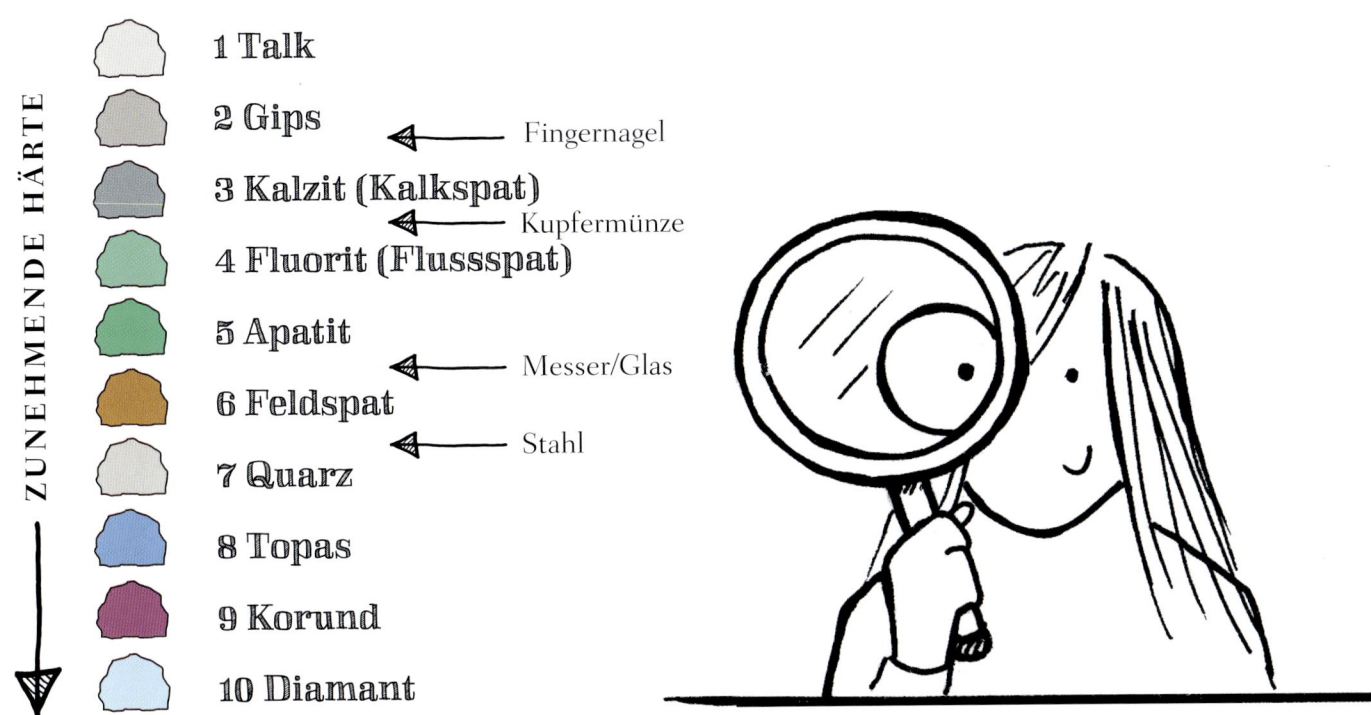

ZUNEHMENDE HÄRTE

1 Talk
2 Gips ← Fingernagel
3 Kalzit (Kalkspat) ← Kupfermünze
4 Fluorit (Flussspat)
5 Apatit ← Messer/Glas
6 Feldspat ← Stahl
7 Quarz
8 Topas
9 Korund
10 Diamant

DU BRAUCHST: STEINE, BESTIMMUNGS-BUCH, HAMMER, SCHUTZBRILLE, ALTES HANDTUCH, MÜNZE, EISENNAGEL

Tipp: Gib doch mal ein paar Tropfen Essig auf deinen Stein und beobachte, ob es zischt. Essig ist eine kalklösende Säure und Kalk ist ein Hauptbestandteil von Kalkstein, einem Sedimentgestein.

Für Besserwisser:

Geologie ist die Lehre von der Erde und ihren Steinen und Mineralien. Du hast nun einige der wichtigsten Tests kennengelernt, die Geologen benutzen.

Regenbogen-Lesezeichen basteln

Regenbogen sind bekannt dafür, dass sie den Himmel erleuchten und dir zeigen, wo die Kobolde einen Topf voll Gold versteckt haben. Wahrscheinlich hättest du nicht gedacht, dass sie auch nützliche Lesezeichen abgeben. Aber es ist so.

Nimm dir Lineal und Bleistift und miss ein langes Rechteck aus schwarzem Tonkarton aus. Schneide es aus – das ist die Basis für dein Lesezeichen.

Kleide die Schüssel mit Plastik- oder Alufolie aus, damit kein Nagellack daran kommt, dann fülle sie halb mit Wasser. Lege dein Lesezeichen auf den Boden der Schüssel und tropfe ein paar Tropfen farblosen Nagellack auf die **Oberfläche**. Halte dabei die Flasche dicht über das Wasser, dann beobachte, wie sich der Lack an der Wasseroberfläche ausbreitet. Nun zieh dein Lesezeichen durch den Nagellackfilm heraus und dreh es dabei leicht hin und her, bis es von einer dünnen Schicht bedeckt ist.

Lege das Lesezeichen zum Trocknen auf eine alte Zeitung, auf einer Seite etwas höher, sodass überschüssiges Wasser abtropfen kann. Sobald es trocken ist, presse es für eine halbe Stunde zwischen schweren Büchern.

Zum Schluss stichst du oben in das Lesezeichen noch ein Loch hinein, fädelst dünne Bänder in Regenbogenfarben hindurch und verknotest sie.

Nun hast du ein wunderschönes Lesezeichen, das in allen Regenbogenfarben leuchtet, wenn man es im **Licht** hin und her dreht. Es ist auch ein tolles Geschenk, zum Beispiel für Kobolde, die gerade das Buch *Wie verstecke ich mein Gold, Band I* lesen.

Für noch mehr Chaos:

Schneide auch Kreise aus schwarzer Pappe für Regenbogen-Untersetzer aus. Beklebe sie mit durchsichtiger Klebefolie, um sie vor Spritzern zu schützen.

Für Besserwisser:

Der Film aus Nagellack ist nur ein paar Hundert **Nanometer** dick (ein Nanometer ist der millionste Teil eines Millimeters). An einigen Stellen ist der Film jedoch etwas dicker als an anderen, deshalb **bricht** er das **Licht** dort anders. So sind an verschiedenen Stellen das **Spektrum** des weißen Lichts zu sehen.

> **DU BRAUCHST:** BLEISTIFT, LINEAL, SCHWARZEN TONKARTON, SCHERE, SCHÜSSEL (MIT PLASTIKFOLIE ODER ALUFOLIE AUSGEKLEIDET), WASSER, FARBLOSEN NAGELLACK, ALTE ZEITUNG, SCHWERE BÜCHER, LOCHER, BUNTE BÄNDER

Kompass herstellen

Es ist gut, wenn du die Richtung bestimmen kannst – wie willst du sonst wissen, ob die Vögel nach Süden fliegen, die Sonne wirklich im Osten aufgeht oder aus welcher Richtung der Weihnachtsmann vom Nordpol kommt?

Zum Glück ist es ganz einfach, einen Kompass selbst zu bauen. Du musst nur mit einer Untertasse oder kleinen Schüssel als Schablone einen Kreis zeichnen. Schneide ihn aus, falte ihn in der Mitte, dann zu Vierteln und Achteln. Dann falte ihn wieder auf. Die Punkte oben und unten markierst du als Norden und Süden, die links und rechts als Westen und Osten, die dazwischen als Nordost, Nordwest, Südost und Südwest.

Fülle als Nächstes ein Glas dreiviertelvoll mit Wasser, stelle es auf deinen Papierkreis und lass den Flaschendeckel darauf **schwimmen**.

Nimm dann einen starken **Magnet** und streiche damit 20-mal über deine Nadel – immer in dieselbe Richtung, vom stumpfen Ende zur Spitze. Lege die Nadel vorsichtig auf den Flaschendeckel.

Bald siehst du, dass der Flaschendeckel sich bewegt. Sobald er stillsteht, wird das spitze Ende der Nadel nach Norden zeigen, und du kannst den Papierkreis drehen, bis die Richtung mit der Markierung übereinstimmt. Dann setze dich hin und warte auf den Weihnachtsmann.

Für noch mehr Chaos:

Wenn du einen größeren Plastikdeckel benutzt, kannst du darauf auch mit wasserfestem Stift die Himmelsrichtungen schreiben: N (Norden), S (Süden), W (Westen) und O (Osten).

Für Besserwisser:

Die Nadel enthält **Eisenpartikel**, die geladen und normalerweise in verschiedene Richtungen ausgerichtet sind, sodass sich die **Ladungen** gegenseitig aufheben. Wenn du mit dem **Magnet** über die Nadel streichst, werden alle Ladungen in dieselbe Richtung ausgerichtet, sodass sich die Nadel selbst wie ein Magnet verhält. Im Inneren der Erde befindet sich so viel **Eisen**, dass sie sich wie ein Riesenmagnet mit einem Pol an jedem Ende verhält. Ist die Nadel magnetisiert, will sie sich ebenfalls in diese Richtung bewegen, mit ihrem Südpol zum magnetischen Nordpol, da sich gegenüberliegende Pole anziehen. **Schwimmt** die Nadel im Wasser, kann sie sich frei bewegen und der magnetischen Anziehung folgen.

Tipp: Wenn du keine Nadel hast, funktioniert es auch mit einer aufgebogenen Büroklammer.

Buntes Badesalz mixen

Viele Erwachsene mögen es, lange in der Badewanne rumzuliegen. Ich weiß wirklich nicht warum. Das sieht ja fast so aus, als würden sie hart arbeiten und müssten sich entspannen. Haha! Aber na schön, es ist am besten, sich mit Erwachsenen gutzustellen. Also schenk ihnen doch mal selbst gemachtes Badesalz.

Suche dir ein schönes leeres Glas, fülle es halb voll mit Epsomsalz und dann bis oben mit Meersalz, um die richtige Menge abzumessen. Kippe danach das Salz in eine Schüssel und vermische es gut. Falls du Glycerin hast, füge noch einen halben Teelöffel davon hinzu (das hilft, damit sich die Farben und das Öl gut mit dem Salz vermischen, ist aber nicht unbedingt notwendig). Dazu kommen ein paar Tropfen ätherischen Öls. Teile die Mischung in sieben Teile und mische in jedes einige Tropfen Lebensmittelfarbe in den verschiedenen Regenbogenfarben.

Nimm einen Löffel und fülle das bunte Badesalz in ein Glas. Fang bei Lila an und ende mit Rot, sodass du einen Regenbogen aus Salz im Glas hast.

Nun machst du noch ein Schild aus einem Stück Pappe. Darauf schreibst du, welches ätherische Öl du verwendet hast und dass dieses Salz zum Baden dient und nicht zum Essen. Du kannst auch noch dazuschreiben, dass eine halbe Tasse von diesem Salz in einem Bad entspannend wirken kann (auch wenn man kaum gearbeitet hat) und dass man keine schrumpeligen Finger kriegt, wenn man das Salz ins Wasser kippt. Dann lochst du das informative Schild, fädelst ein Band hindurch und bindest es um das Glas.

Für noch mehr Chaos:

Probiere verschiedene Öle und Farben aus, bis du die perfekte Kombination gefunden hast.

 Für Besserwisser:

Wenn Wasser durch eine **Membran** (zum Beispiel deine Haut) dringt, um ein Gleichgewicht zwischen innen und außen herzustellen, nennt man das **Osmose**. Dein Körper enthält Wasser und Salz, ein normales Bad dagegen hauptsächlich Wasser und wenig Salz. Deshalb dringt Wasser durch die Haut ein, um ein Gleichgewicht zwischen dir und dem Badewasser herzustellen: Finger und Zehen werden schrumpelig. Fügt man nun dem Badewasser Salz hinzu, ist das Gleichgewicht zwischen dem Wasser und deinem Körper ausgeglichener. Weniger Wasser dringt ein und der Schrumpeleffekt ist geringer.

> **DU BRAUCHST:** MEERSALZ, EPSOMSALZ (MAGNESIUMSULFAT), ÄTHERISCHES ÖL, LEBENSMITTELFARBE, LÖFFEL, GLAS, KARTE, STIFT, LOCHER, BAND, EVTL. GLYCERIN

Magische Wurzeln züchten

Pflanzen sind super darin, mehr aus sich zu machen, und zwar nicht nur aus **Samen**. Tatsächlich können aus einem kleinen Stück Stängel neue **Wurzeln** wachsen. Das ist so, als würden beim Menschen neue Füße aus einem kleinen Finger wachsen – aber längst nicht so verrückt.

Diese tolle Sache findet normalerweise unter der Erde statt. Aber manche Pflanzen lassen sich bei der Arbeit zusehen, weil sie auch in Wasser neue Wurzeln bilden. Falls du den Wurzelzauber beobachten willst, brauchst du zuerst eine geeignete Pflanze, von der du ein Stück abschneiden kannst. Sehr gut funktioniert es mit vielen Kräutern, beispielsweise Rosmarin, Minze, Salbei, Estragon, Zitronenmelisse, Thymian und Oregano.

Schneide etwa 15 cm von einem Stängel ohne Blüten ab, entferne in der unteren Hälfte alle Blätter und stelle ihn in einem kleinen Glas an ein sonniges Fenster. Gut eignen sich Behälter, die oben etwas schmaler werden, sodass der Stängel aufrecht gehalten wird.

Wechsele das Wasser alle paar Tage, damit es frisch bleibt. Du kannst Leitungswasser benutzen, besser ist allerdings Regenwasser, da es weniger Chemikalien und mehr **Nährstoffe** enthält.

Erstaunlicherweise siehst du nach 2–6 Wochen (je nach Pflanze), wie Wurzeln aus dem Stängel wachsen. Du kannst die Pflanze in dem Glas lassen und die neuen Blätter ernten (bei Kräutern) oder sie vorsichtig in einen Topf mit Erde pflanzen und versuchen, sie weiter wachsen zu lassen.

Für noch mehr Chaos:

Schneide von verschiedenen Pflanzen Blätter, Wurzeln oder Stängel ab und beobachte, ob sie wachsen. Wachsen sie besser in Wasser oder in Blumenerde? Warum glaubst du, ist das so?

Für Besserwisser:

Wurzeln, die aus anderen Teilen als dem **Samen** wachsen, nennt man Adventivwurzeln oder sprossbürtige Wurzeln. Wenn neue Pflanzen aus einzelnen Pflanzenteilen wie Stängel, Wurzeln oder Blättern gezogen werden, heißt das **vegetative Vermehrung**. Diese Pflanzen sind genetisch identisch zu ihren Eltern – sie sind **Klone**.

Tipp: Im Gegensatz zu Blättern wachsen Wurzeln weg vom Licht. Du kannst deshalb auch ein dunkleres Glasgefäß nehmen oder Papier um das Glas wickeln.

Mit Rasierschaum marmorieren

Mit dieser Technik kannst du einen Effekt wie Marmor erschaffen, ohne dass du ins Bergwerk gehen und mit Dynamit hantieren musst. Allerdings macht es ungefähr genauso viel Dreck.

Bevor du anfängst, decke den Tisch mit einer Wachsdecke oder alten Zeitungen ab. Dann sprühst du etwas Rasierschaum auf das Backblech, verteilst ihn mit einem Löffel oder streichst ihn mit einem Lineal glatt, sodass er das ganze Blech bedeckt.

Nun nimmst du die Farbe und tropfst oder spritzt sie auf den Schaum, wobei alle Ecken etwa gleich viel Farbe abbekommen sollten. Zwei oder drei Farben sehen gut zusammen aus.

Mit einem Holzstäbchen erzeugst du jetzt den Marmoreffekt. Zieh es durch den Schaum, sodass sich Linien, Wellen oder sogar Spiralen bilden – ganz wie es dir gefällt. Achte darauf, alle Ecken zu erreichen, sodass nirgendwo große Farbkleckse übrig bleiben.

Lege dann ein Blatt Papier auf den bunten Schaum und drücke es vorsichtig an, sodass es überall mit dem Marmorschaum in Kontakt kommt. Zieh es wieder ab und lege es auf eine alte Zeitung.

KEINE PANIK! Dein Bild wird wie ein buntes Matschchaos aussehen, aber warte einfach eine Minute. Dann nimmst du das Lineal, legst es mit der dünnen langen Seite oben an das Blatt an und ziehst es über die Seite. Sobald der Schaum weg ist, siehst du dein schönes Marmorbild, das jetzt nur noch trocknen muss.

Der Küchentisch allerdings wird weiterhin wie buntes Matschchaos aussehen. PANIK! Schnell putzen, sonst darfst du nie wieder marmorieren.

Für noch mehr Chaos:

Probiere es mit Pappe anstelle von Papier – geht das auch? Vergleiche auch verschiedene Farben – flüssige Wasserfarben, Acrylfarben, Plakatfarben, Lebensmittelfarben – welche funktionieren am besten?

Für Besserwisser:

Wasserbasierte Farbe vermischt sich nicht mit den **hydrophoben** (wasserabstoßenden) **Molekülen** im Rasierschaum, sondern bleibt an der **Oberfläche**. Die Farbe haftet jedoch am Papier, denn dieses enthält **Cellulose**, die **hydrophil** (wasseranziehend) ist.

Tipp: Du kannst mit marmoriertem Papier zum Beispiel Bücher einbinden oder Geschenktüten basteln (siehe Seite 66). Aus marmorierter Pappe machst du Geschenkanhänger oder Lesezeichen.

Tipp: Wenn du deine Zahnstocher auf einen flachen Teller oder eine Untertasse legst, hast du eine glatte Fläche, und der Tisch bleibt trocken.

Magischen Stern zaubern

Mit Zahnstochern kann man sich entweder Essensreste aus den Zähnen pulen oder einen magischen Stern zaubern. Komm, wir sorgen mal dafür, dass die Zahnstocher ein schöneres Leben haben!

Fange damit an, dass du fünf Zahnstocher in der Mitte durchbrichst, sodass sie noch zusammenhängen. Okay, das ist nicht gerade ein toller Start für ein schöneres Leben, aber es wird besser, versprochen! Lege die Zahnstocher so auf einen Teller, dass die gebrochene Mitte innen ist und die spitzen Enden alle nach außen zeigen.

Nun musst du nur noch ein bis zwei Tropfen Wasser in die Mitte geben. Falls du keine Pipette oder einen Augentropfer hast, kannst du einen Strohhalm in das Wasser halten, mit dem Daumen die obere Öffnung verschließen und ihn hochheben. Sobald der **Luftdruck** von oben fehlt, wird der Luftdruck von unten das Wasser im Strohhalm halten, bis du ihn über das Ende der Zahnstocher hältst und den Daumen wegnimmst.

Sieh, wie sich die Zahnstocher bewegen und einen schönen Stern formen. Bewundere ihn, zeige ihn deinen Freunden … und dann wirf die Zahnstocher in den Müll. Na und? Das ist immer noch besser, als in deinen Zähnen nach halb zerkauten Fleischresten zu stochern, oder etwa nicht?

Für noch mehr Chaos:

Versuche es mit mehr Zahnstochern – klappt das so gut wie mit fünf? Und funktioniert der Trick auch mit größeren Holzspießen?

Für Besserwisser:

Zahnstocher bestehen aus trockenem Holz. Sobald die abgeknickten Teile mit Wasser in Berührung kommen, **absorbieren** sie dieses, die Holz**fasern** dehnen sich aus und strecken sich. Dabei stoßen sie aneinander und ein Stern entsteht.

DU BRAUCHST: ZAHNSTOCHER, TELLER, WASSER, TASSE ODER GLAS, STROHHALM, EVTL. PIPETTE ODER AUGENTROPFER

Rosinen-U-Boote schwimmen lassen

„Kriege ich ein Glas Limonade?"

Wenn deine Eltern auf diese Frage mit „Nein" antworten, musst du es mal anders versuchen.

„Kriege ich ein Glas Limonade ... für ein wissenschaftliches Experiment?"

Ich wette, dann bekommst du eine andere Antwort. Und was noch besser ist: Du brauchst außerdem ein paar Rosinen. Genau, ein Snack und ein süßes Getränk – so kommen wir ins Geschäft.

Natürlich musst du vorher das **Experiment** machen, aber zum Glück ist das babyleicht.

Zuerst füllst du ein Glas dreiviertelvoll mit Limonade oder einem anderen Sprudelgetränk, dann lässt du ein paar Rosinen hineinfallen. Du siehst, wie sich um sie herum Blasen bilden, bis die Rosinen schließlich – schwups – als U-Boote an die **Oberfläche** steigen.

Und dann – genau wie ein U-Boot – bleiben sie eine Weile oben, bis sie wieder abtauchen.

So geht es immer auf und ab, bis nicht mehr genug Blasen im Glas sind und die armen Rosinen auf dem Grund stranden. Dann kannst du sie nur noch rausfischen und auffuttern, die Limonade trinken und von vorn anfangen.

Für noch mehr Chaos:

Mache einen Wettbewerb mit deiner Freundin. Sucht euch beide eine Rosine aus, werft sie ins Glas und seht, wessen U-Boot zuerst auftaucht. Oder ihr wettet, welche Rosine zuerst dreimal auftaucht und wieder sinkt.

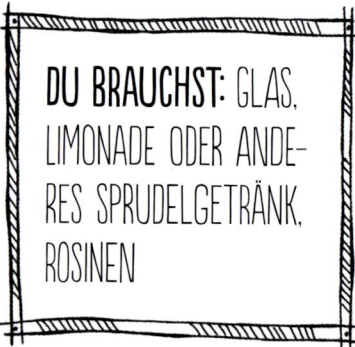 Für Besserwisser:

Sprudelgetränke nennt man auch kohlensäurehaltige Getränke. Das darin enthaltene **Gas Kohlendioxid** bildet Bläschen, die eine geringere **Dichte** haben als Wasser und deshalb an die **Oberfläche** steigen. Wenn du eine Rosine in das Glas wirfst, bleiben die Bläschen daran hängen, bis es so viele sind, dass sie die Rosine mit nach oben tragen können. An der Oberfläche platzen die Bläschen und die Rosine sinkt wieder ab. Dort bleiben wieder Bläschen an ihr hängen und alles beginnt von vorn.

> **DU BRAUCHST:** GLAS, LIMONADE ODER ANDERES SPRUDELGETRÄNK, ROSINEN

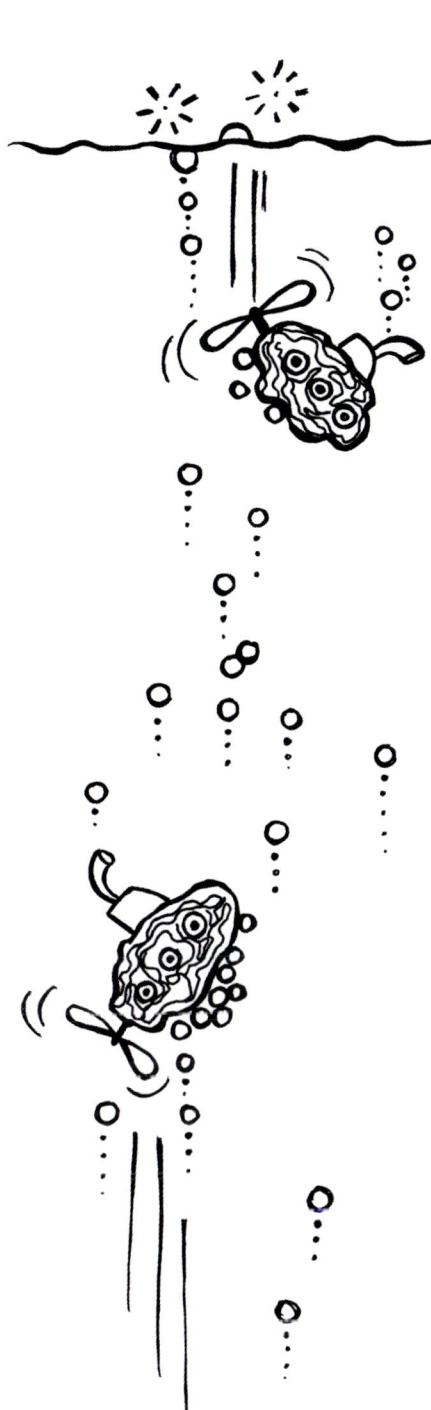

Tipp: Nimm lieber
keine dunklen Getränke,
sonst siehst du die Rosinen
nicht so gut.

Glossar wissenschaftlicher Fachbegriffe

Absorbieren – etwas aufnehmen

Adaption – Anpassung an schwierige Lebensbedingungen über Millionen von Jahren

Adhäsiv – klebend oder aneinanderhaften zweier Stoffe

Alkalien – eine chemische Verbindung, die mit **Säuren** reagiert. Starke Alkalien können Verbrennungen hervorrufen und sind sehr gefährlich. Schwächere, wie zum Beispiel Natron, schmecken bitter und fühlen sich seifig und glitschig an, wenn sie mit Wasser vermischt werden. Ein anderes Wort für Alkali ist **Base**.

Amplitude – beschreibt Schwingungen. Je lauter der Ton, desto größer die Schwingung deines Trommelfells.

Analoges Signalsystem – System, dessen Signale in verschiedener Qualität (Höhe, Stärke) vorkommen, zum Beispiel die Sprache

Anthere – Staubbeutel einer Blüte

Anthocyane – sind wasserlösliche Pflanzenfarbstoffe, die Blüten oder Früchte rot, violett oder blau färben.

Atom – einer der winzigen **Partikel**, aus denen sich alles zusammensetzt

Auftrieb – die nach oben gerichtete **Kraft**, die Dinge fliegen lässt

Bakterien – einzellige Lebewesen, die sich überall befinden, aber nur mit einem **Mikroskop** sichtbar sind. Sie können gefährlich sein, wenn sie zum Beispiel Infektionen verursachen – oder nützlich (beispielsweise die glücklichen Dinger, die in unserem Darm leben und uns gesund erhalten).

Base – siehe **Alkalien**

Blütenblatt – eines der besonderen, oft bunten Blätter, die um das Innere einer Blüte herum wachsen

Bestäubung – der Vorgang, in dem **Pollen** in die Blüte gelangt, wo er sich mit einer weiblichen Fortpflanzungs**zelle** vereint. Durch diese Befruchtung kann ein **Same** entstehen.

Brechen (Licht) – das **Licht** ablenken, sodass es die Richtung ändert

Cellulose – Pflanzenfaser, sie ist **hydrophil**, aber nicht wasserlöslich

Chemische Reaktion – eine oder mehrere neue Substanzen entstehen, wenn zwei oder mehr Dinge vermischt werden.

Chlorophyll – ein grüner Farbstoff in Pflanzen, der Sonnenenergie **absorbiert** und **Fotosynthese** ermöglicht

Chromatografie – chemisches Verfahren, bei dem ein Stoffgemisch durch unterschiedliche Verteilung seiner Einzelbestandteile aufgetrennt wird

Daten – Fakten und Statistiken, die gesammelt werden

Dichte – bestimmt, wie schwer etwas für seine Größe ist

Digitales Signalsystem – System, deren Signale nur zwei Zustände zulassen (an oder aus), zum Beispiel der Morsecode

DNA – Abkürzung für Desoxyribonucleic acid, deutsch Desoxyribonukleinsäure (sag das mal mit dem Mund voller Marshmallows!). Ein großes, spiralförmiges **Molekül**, das die **genetische** Information trägt, zum Beispiel **Merkmale** wie Augen- und Haarfarbe.

Drehpunkt – Festpunkt, um den sich ein Körper unter **Kräfte**einwirkung dreht

Durchmesser – die Länge einer geraden Linie durch den Mittelpunkt eines Kreises von einem Ende bis zum anderen

Eis – fester Zustand von Wasser (nützlich, um Limonade zu kühlen!)

Eisen – ein magnetisches Metall

Elektron – ein Teilchen mit negativer **Ladung**

Elektrostatik – bewirkt erstaunliche Phänomene, mit denen du Menschen in Staunen versetzen kannst, weil du Dinge bewegst, ohne sie zu berühren. Es handelt sich um **Kräfte**, die elektrische **Ladungen** aufeinander ausüben, und die Ladungsverteilung.

Energie – die Fähigkeit, Arbeit zu verrichten. Es gibt verschiedene Formen von Energie, zum Beispiel Wärme, **kinetische Energie**, Licht, **potenzielle Energie**, Klang, chemische Energie und elektrische Energie. Eine Form kann auch in eine andere umgewandelt werden.

Enzym – Molekül, das **chemische Reaktion** fördert

Experiment – ein oder mehrere Tests, um **Daten** zu sammeln, die eine geniale Idee oder Theorie stützen oder widerlegen sollen

Faser – ein langer, dünner Strang

Feststoff – etwas, das eine Form hat – im Gegensatz zu einer **Flüssigkeit** oder einem **Gas**

Fotosynthese – der Vorgang, mit dem Pflanzen **Energie** vom Sonnenlicht aufnehmen und damit **Kohlendioxid** und Wasser in Zucker umwandeln. Außerdem entsteht Sauerstoff, den die Pflanzen in die Luft abgeben.

Flüssigkeit – etwas, das ein bestimmtes Volumen, aber keine bestimmte Form hat. Lässt sich gießen (zum Beispiel Limonade).

Gas – eine Substanz ohne festgelegte Form und Größe, die den Raum, in dem sie sich befindet, ausfüllen kann. Nützlich zum Rülpsen.

Gene – befinden sich in **Zellen** und bestehen aus **DNA**. Gene sind Träger von **Merkmalen**, die von einer Generation an die nächste weitergegeben werden.

Genetik – das sind die **Merkmale**, die du von deinen Eltern erbst. Daher heißt das auch Vererbungslehre.

Geologie – Lehre von der Erde und ihren Steinen und Mineralien

Herbivoren – Pflanzenfresser oder auch **Primärkonsumenten**, die sich von pflanzlichem Futter ernähren

Hydrophil – wasseranziehend

Hydrophob – wasserabstoßend (wie du, wenn du baden sollst)

Impuls – physikalische Größe, die wir oft als „Schwung" oder „Wucht" bezeichnen

Indikator – ist ein Stoff, der eine **chemische Reaktion** anzeigt, beispielsweise über Farbänderung

Jahreszeiten – die vier Einteilungen des Jahres (Frühling, Sommer, Herbst und Winter), die sich in Temperatur und Tageslichtstunden unterscheiden. Sie entstehen durch die unterschiedliche Position der Erde zur Sonne. Wichtig zu kennen, wenn man sich zwischen einer Wollmütze oder Sandalen entscheiden muss.

Karnivoren – Fleischfresser oder auch Raubtiere

Keimung – wenn ein **Same** anfängt zu wachsen.

Kinetische Energie – Bewegungsenergie

Klonen – Erzeugung **genetisch** identischer Lebewesen, d. h., sie haben dieselbe **DNA**

Kohlendioxid – ein **Gas**, dessen **Moleküle** aus einem Kohlenstoff- und zwei Sauerstoff**atomen** bestehen. Kohlendioxid wird von Menschen und Tieren ausgeatmet und – ganz wichtig – bringt Limonade und andere kohlensäurehaltige Getränke zum Sprudeln.

Korrosion – langsame Zerstörung durch eine **chemische Reaktion**

Kondensation – der Übergang eines Stoffes von einem **Gas** in eine **Flüssigkeit**

Kraft – etwas, das einen Körper anstößt, zieht oder dreht und ihn damit verformt oder in Bewegung setzt

Ladung – kann positiv oder negativ sein. Gegensätzliche Ladungen (d. h. positiv und negativ) ziehen sich an.

Licht – eine Form der **Energie**, die sichtbar ist und sich in geraden Strahlen ausbreitet

Lösen – einen Stoff in kleine Teile aufspalten und mit einer **Flüssigkeit** (dem Lösungsmittel) mischen, sodass eine **Lösung** entsteht

Lösung – zwei oder mehr vermischte Substanzen, darunter ein gelöster Stoff und ein Lösungsmittel

Lösungsmittel – eine Substanz, die einen Stoff auflöst

Luftmoleküle – eine Mischung von **Molekülen** verschiedener **Gase**, die die Luft um uns herum bilden

Luftdruck – die **Kraft**, mit der die Luft auf eine bestimmte Fläche drückt

Magnet – ein Stück **Eisen**, das bestimmte andere Metalle anzieht

Masse – wie viel Materie in einem Gegenstand ist, wird in Gramm und Kilogramm gemessen

Membran – dünne Haut oder Trennschicht

Merkmal – eine bestimmte Eigenschaft von etwas oder jemandem, wie zum Beispiel die Augenfarbe oder die Fähigkeit, mit den Ohren zu wackeln

Mikropyle – kleiner Kanal der Samenanlage bei Pflanzen

Mikroskop – ein Gerät, mit dem sich sehr kleine Gegenstände stark vergrößert ansehen lassen

Molekül – winzige Teilchen, die aus zwei oder mehreren **Atomen** zusammengesetzt sind

Muskeln – Bündel von **Fasern** im menschlichen und tierischen Körpern, die sich zusammenziehen und entspannen können und dadurch Bewegung von Körperteilen ermöglichen

Nachbildwirkung – Phänomen, das wissenschaftlich nicht geklärt ist. Es hat mit dem nachklingenden Reiz auf deiner Netzhaut zu tun.

Nährstoffe – Substanzen, die Pflanzen durch die **Wurzeln absorbieren** oder die von Tieren aufgenommen werden und die diese zum Überleben und Wachsen brauchen

Nahrungskette – zeigt, wie Pflanzen, Tiere und Menschen in Bezug auf die Nahrung voneinander abhängig sind

Nanometer – ist der millionste Teil eines Millimeters. Also Millionen Mal schmaler als dein Fingernagel.

Nektar – süße wässrige **Flüssigkeit** in Blüten, von der sich Schmetterlinge und andere bestäubende Insekten ernähren

Nerv – eine dünne **Faser**, die Botschaften an das Gehirn und vom Gehirn leitet

Newtonsche Gesetze – Es gibt drei Gesetze nach Newton. Das erste ist das **Trägheits**gesetz, nach dem jeder Körper seine Geschwindigkeit beibehält, bis eine äußere **Kraft** auf ihn einwirkt. Das zweite Gesetz stellt einen Zusammenhang zwischen Kraft, Beschleunigung und **Masse** her. Das dritte Gesetz heißt Wechselwirkungsgesetz: Für jede Kraft gibt es eine gleich große Gegenkraft, die in die entgegengesetzte Richtung wirkt.

Oberfläche – der Außenbereich eines **Feststoffs** oder obere Begrenzung einer **Flüssigkeit**

Oberflächenspannung – Anziehung der Wasser**moleküle** untereinander, sodass das Wasser eine Art Haut bildet

Ornithologie – Vogelkunde, beschäftigt sich speziell mit Vögeln

Osmose – der Vorgang, wenn Wasser durch eine **semipermeable Membran** dringt, um auf beiden Seiten ein Gleichgewicht herzustellen

Oxidation – **chemische Reaktion** eines Stoffs mit Sauerstoff

Partikel – Teilchen. Ein Stück Materie, das so winzig ist, dass man es nicht mit bloßem Auge sehen kann.

Pigment – Farbstoff. Die Substanz, die den Dingen Farbe gibt.

Pilze – Lebewesen wie Speisepilze oder Schimmel, die dadurch überleben, dass sie die organischen Materialien, auf denen sie leben, **zersetzen** und **absorbieren**

Pollen – winzige Körner, die vom männlichen Teil der Blüte produziert werden. Sie sind die männlichen Fortpflanzungs**zellen**.

Polymer – eine lange **Molekül**kette

Potenzielle Energie – gespeicherte Energie oder Lageenergie

Plumula – Sprossknospe, Knospe der jungen Keimpflanze

Polychromatisches Licht – weißes Licht besteht aus mehreren Farben, den Spektralfarben Rot, Orange, Gelb, Blau, Indigo und Violett.

Primärkonsumenten – Pflanzenfresser, die als erster Konsument in der **Nahrungskette** stehen und sich von Pflanzen und pflanzlichen Produkten ernähren

Pupille – oder Sehloch ist die natürliche Öffnung, durch die **Licht** in das Innere des Auges fällt

Radikula – Keimwurzel

Reflektieren – von einer **Oberfläche** zurückgeworfen werden (z. B. **Licht** oder Klang)

Reibung – eine **Kraft**, die der Bewegung entgegenwirkt und sich bewegende Objekte bremst, meistens indem zwei oder mehr Objekte aneinanderreiben

Retina – Netzhaut, der hintere Teil des Auges. Lichtempfindliche **Zellen** empfangen dort Bilder und leiten entsprechende Signale über **Nerven** an das Gehirn.

Samen – werden von einer befruchteten Pflanze produziert und enthalten eine Babypflanze (Embryo), eingehüllt in eine Samenschale (Testa). Wenn die Bedingungen gut sind, **keimen** die Samen.

Säure – eine chemische Verbindung, die mit **Alkalien** reagiert. Starke Säuren können **Korrosionen** an Metallen verursachen und sind sehr gefährlich. Schwächere Säuren, wie Zitronensaft, machen Getränke und Speisen sauer (wichtig für Limonade-Fans).

Säure-Base-Reaktion – **chemische Reaktion**, bei der ein Proton von einem **Molekül** gelöst und von einem anderen Molekül aufgenommen wird

Schallwelle – hörbare Schwingungen

Schatten – ein dunkler Bereich, in den **Licht**strahlen fallen würden, wenn nicht etwas im Weg wäre

Schmelzpunkt – die Temperatur, bei der ein Stoff schmilzt, das heißt vom festen in den flüssigen Zustand übergeht

Schwerkraft – eine **Kraft**, die Sachen zur Erde zieht und verhindert, dass wir wegfliegen (pff!)

Schwerpunkt – oder **Masse**mittelpunkt ist der Punkt, an dem ein Objekt im perfekten Gleichgewicht ist

Schwimmen oder **Schweben** – wenn sich etwas auf einer **Flüssigkeit** oder in einem **Gas** hält, ohne zu Boden zu sinken

Sekundärkonsumenten – Fleischfresser, die an zweiter Stelle der Konsumenten in der **Nahrungskette** stehen und sich von Pflanzenfressern ernähren

Semipermeable Membran – die dünne, flexible Schicht, die **Zellen** umgibt und einige (aber nicht alle) Substanzen hindurchlässt

Skelett – feste Struktur eines Lebewesens. Das menschliche Skelett ist aus Knochen aufgebaut, stützt unseren Körper und schützt wichtige Organe. Also – gar nicht unheimlich!

Spektroskop – ein Instrument, das **Licht** in seine unterschiedlichen Wellenlängen zerlegt, die wir als verschiedene Farben (**Spektrum**) wahrnehmen

Spektrum – eine Abfolge farbiger **Licht**streifen, die man sieht, wenn Licht gebrochen wird, zum Beispiel bei einem Regenbogen

Spezies – Art. Eine Gruppe von Tieren oder Menschen, die sich von anderen Gruppen unterscheiden. Sie können sich untereinander fortpflanzen und fruchtbare Nachkommen erzeugen.

Suspension – eine Mischung, in der winzige **Partikel** von etwas in einer **Flüssigkeit** oder einem **Gas** fein verteilt sind, die aber nach einiger Zeit zu Boden sinken

Systematik – Einteilung, Benennung und Bestimmung der Lebewesen und Organismen

Tertiärkonsumenten – sind die dritten Konsumenten in der **Nahrungskette** und ernähren sich von Fleischfressern

Thaumatrop – schnell rotierende Scheibe, die eine optische Täuschung hervorruft. Im Auge verschmelzen die Bilder der Vorder- und Rückseite zu einem Bild.

Tonhöhe – bestimmt, ob ein Ton hoch oder tief ist. Die Tonhöhe ergibt sich aus der Geschwindigkeit der Vibrationen, die der Ton erzeugt.

Trägheit – oder Beharrungsvermögen. **Masse** möchte ihren Bewegungszustand beibehalten, solange keine **Kraft** den Zustand ändert.

Transluzent – halb durchsichtig. Das **Licht** wird hindurchgelassen, aber zerstreut, sodass Objekte dahinter verschwommen sichtbar sind.

Transparent – durchsichtig. Lässt **Licht** hindurch, sodass Objekte dahinter klar sichtbar sind. Zum Verstecken ungeeignet

Vegetative Vermehrung – neue Pflanzen werden aus einzelnen Pflanzenteilen wie Stängel, Wurzel oder Blättern gezogen

Verdunsten – von einer **Flüssigkeit** in ein **Gas** übergehen

Verstärken – etwas hinzufügen, um eine Struktur stabiler zu machen

Viskosität – bezeichnet, wie dickflüssig eine **Flüssigkeit** ist, also wenig fließfähig

Wurzeln – Teil der Pflanze, der nach unten wächst. Sie halten die Pflanze fest und **absorbieren** Wasser und **Nährstoffe** aus dem Boden.

Zelle – die kleinste Einheit von Lebewesen, die **Gene** enthält

Zersetzen – das Zerlegen von etwas in kleine Teile (**Moleküle**) durch **Bakterien** oder **Pilze**

Zoologie – Tierkunde, erforscht Tiere und stellt eine **Systematik** über das Tierreich auf

Ideen-Schnell-Finder

Lustige Bio-Projekte

Spannende Physik-Projekte

Coole Chemie-Projekte

Für kleinere Kinder (3–7 Jahre)

Für ältere Kinder (ab 7 Jahre)

Schnelle Projekte

Tolle Geschenke

Bastel-Projekte

Projekte zum Aufessen

Ganz ohne Sauerei

Projekte für draußen

Register

Danksagung

Ich danke Kyle Cathie – der treibenden Kraft von Kyle Books –, die mir vorgeschlagen hat, mich bei dem neuesten Band meiner Beschäftigungsreihe für Kinder dem Thema Wissenschaft zu widmen. Dieses etwas einschüchternde Vorhaben wurde mir durch die weise Beratung von Liz Turner erleichtert – einer außergewöhnlichen Lehrerin für Naturwissenschaften, die in allen Projekten so wunderbar zuverlässig die Fakten geprüft hat.

Die Worte sind wie immer nur der Anfang. Das Buch lebt von den herrlichen Fotos der talentierten Kate Whitaker, dem auffällig schönen Design von Louise Leffler und den großartigen Zeichnungen von Sarah Leuzzi. Der ganze Prozess von der Konzeption bis zur Veröffentlichung wurde fachmännisch von meiner wunderbaren Lektorin Tara O'Sullivan überwacht.

Ein weiterer Dank geht an meine jungen Wissenschaftler, die für die Fotos in diesem Buch Modell gestanden haben: Chloe, Tom, Emily, Poppy, Michael, Enrico, Carlos, Iris Z, Isla, Katie, Joshua, Ruby, Jake, Amelia, Leon, Mason, Naomi, Lucas, Lilia, Oscar, Iris C, Rosie, Stanley und Thibault.

Und zum Schluss, ganz wichtig: Danke an meinen großartigen Mann Reuben, dessen Geduldsfaden strapaziert wurde, aber nie gerissen ist, und meine wunderbaren Kinder Ava, Oscar und Archie, die mich jeden Tag inspirieren. Ihr seid die besten.

(Na, kannst du das lesen? Ansonsten findest du
auf Seite 179 den Morsecode)